COURS MUNICIPAL

Fondé pour les Adultes.

CONFÉRENCES DE DROIT,

PAR

A. COTELLE,

Avocat près la Cour Impériale, Professeur de Législation au Lycée, Officier d'Académie.

ORLÉANS, chez les Libraires.

1866.

ORLÉANS. — IMPRIMERIE D'ÉMILE PUGET ET Cie, RUE VIEILLE-POTERIE, 9.

AVERTISSEMENT.

Il est toujours difficile, quand on suit des cours, de recueillir exactement ce que dit un professeur chargé d'enseigner une science ou un art.

Quelque attention qu'on y apporte, il y a toujours des mots qui échappent, des phrases qui sont mal comprises et des points qui restent obscurs pour les auditeurs.

Habitué à suivre des cours de toute sorte et soumis comme tant d'autres à ces inconvénients, nous avons voulu les faire disparaître pour nos auditeurs du Cours des Adultes ; c'est pourquoi nous publions nos Conférences.

S'il est nécessaire d'être compris, afin d'être utile, c'est surtout quand on s'adresse à des hommes peu familiarisés, par leur éducation première et la nature de leurs professions, avec la science qu'on est chargé de leur enseigner.

Frappé de cette vérité, nous avons fait imprimer le résumé de nos leçons, pour que chacun de nos auditeurs pût, à peu de frais, repasser chez lui et à tête reposée les propositions de Droit, que nous avons eu la mission d'exposer cette année au Cours des Adultes, et nous espérons faciliter ainsi l'intelligence de nos travaux.

Si ce petit ouvrage est utile à nos bienveillants auditeurs, nous aurons rempli les intentions de l'Administration et accompli la tâche que nous nous sommes imposée.

A. COTELLE.

PREMIÈRE CONFÉRENCE.

Aperçu historique sur le Commerce et l'Industrie avant la loi du 2 mars 1791. — Corporations, Maîtrises, Jurandes.

On peut dire avec certitude que celui qui connaît bien ses droits et ceux d'autrui remplit mieux ses devoirs. Mais c'est l'étude seule des lois qui permet d'apprendre l'usage et l'exercice des droits.

Aussi le but de nos Conférences est-il, dans l'esprit de ses fondateurs, d'arriver à répandre, dans toutes les classes des travailleurs, des notions qui, jusqu'à présent, ne leur ont été que très-rarement enseignées, si même elles l'ont jamais été quelque part.

Mais avant d'entamer l'étude des lois, nous croyons utile de tracer un aperçu historique du Commerce et de l'Industrie, avant l'époque de leur reconstitution qui date de 1791.

Il y a dans la vie des artisans et des ouvriers trois phases distinctes : d'abord on est apprenti, puis ouvrier, et quelquefois patron ou maître.

Autrefois, et jusqu'à la loi du 2 mars 1791 qui proclama la liberté absolue du commerce et de l'industrie, les professions commerciales et les métiers de toute nature étaient concentrés dans un nombre de mains fort restreint. Tous les corps d'état étaient réglementés.

Ce système d'organisation était celui des maîtrises et jurandes.

Si le mot maîtrise se comprend par lui-même, puisqu'il dérive du mot *maître*, celui de jurande à peut-être besoin d'une explication.

On entendait par là une fonction consistant à être juré-expert d'un métier, et à la fois le temps pendant lequel en exerçait cette charge dans une corporation.

Cette institution, ainsi que celle des maîtrises, n'a pas pris spontanément naissance dans le Moyen-Age ou dans les temps modernes, sans aucun précédent de cette nature dans les sociétés païennes.

Au contraire, ce système procède de l'antiquité, et l'histoire nous offre des modèles d'organisation analogues tant chez les Grecs que chez les Romains. Ces peuples nous ont tant fourni d'exemples que nous pouvons bien citer encore ceux-là. C'est, du reste, la meilleure manière de connaître une institution que d'en étudier les origines.

En Grèce d'abord, remarquons la situation, tout-à-fait inférieure des artisans et commerçants, dans la cité.

M. Dalloz, au mot Industrie et Commerce, dit que cela s'expliquait chez les anciens, parce que « le travail manuel « était considéré comme chose servile et laissé aux mains « des esclaves et des citoyens de la dernière classe, privés « de la plupart des droits politiques. »

Xenophon s'exprime même à ce sujet, ajoute M. Dalloz, de la manière suivante (445 ans avant Jésus-Christ, c'est-à-dire 2310 ans avant nous).

« Les gens qui se livrent aux travaux manuels ne sont « jamais élevés aux charges publiques et l'on a bien raison. « La plupart condamnés à être assis tout le jour, quelques-

« uns même à éprouver un feu continuel, ne peuvent man-
« quer d'avoir le corps altéré, et il est bien difficile que
« l'esprit ne s'en ressente pas. Outre cela, le travail emporte
« tout le temps; on ne peut rien faire pour ses amis ni
« pour l'Etat. »

L'on voit combien la société grecque était loin de posséder les idées modernes, puisque le christianisme a fait du travail une loi divine, commune à tous, une obligation qui, loin d'abaisser l'homme, le relève, l'ennoblit et lui donne à la fois la vie et l'indépendance.

Quoi qu'il en soit, telles étaient à Athènes les idées reçues. Naturellement, le travail étant concentré entre les mains de quelques-uns, tous les individus d'une même profession se réunirent en communautés.

On les nommait à Athènes Hétairies (Εταιρια, réunion, Εταιρσς, ami); elles avaient des réglements particuliers tolérés jusqu'à ce qu'ils fussent contraires aux lois.

Chez les Romains, il régnait dans l'origine des factions ennemies, résultant des premières annexions à la Ville des citoyens vaincus des villes voisines, tels que les Sabins et autres, qui avaient leur industrie propre et distincte. Selon Plutarque, le roi Numa-Pompilius voulant effacer ces rivalités aurait imaginé de diviser les citoyens en autant de corps d'état qu'il y avait de professions diverses. Chacun d'eux avait son temple et ses lieux de réunion, de telle sorte qu'il n'y eût plus que des citoyens romains, divisés en différents ordres de professions et métiers, lesquels portaient le nom de *Collegia* ou *Corpora* (collèges et corps ou corporations). Mais ce n'étaient encore que les dernières classes des citoyens qui composaient ces corps d'état; et plus le nombre des esclaves s'accrut à Rome, plus les citoyens libres s'éloignèrent des professions manuelles.

Les esclaves furent bientôt voués tout seuls à ces travaux, et sous les Empereurs on vit les citoyens romains aussi orgueilleux que paresseux, ou *vivre des produits de leurs biens que d'autres faisaient valoir, s'ils étaient riches, ou vivre sans rien faire aux dépens de l'Etat et des souverains s'ils étaient pauvres* (1).

Telles étaient les anciennes corporations qui ont donné évidemment naissance aux institutions modernes.

D'abord avant d'arriver au Moyen-Age, on les retrouve installées dans les Gaules, et nous en avons vu un exemple frappant dans la fameuse organisation des *Nautæ Parisiaci*, dont parle si savamment Felibien. Ces marchands privilégiés faisaient le commerce par la Seine et ils ont été les précurseurs du corps municipal et de l'édilité parisienne. C'est même en souvenir de leur origine de marchands par eau que la ville de Paris a pris pour emblème dans ses armes une barque ou navire flottant.

Sous le régime féodal et sous la monarchie du moyen-âge, ces corporations se reconfortent et se consolident de plus en plus. Aussi, quand le roi saint Louis fit son réglement si célèbre des arts et métiers, il ne créa rien et ne fit que modifier une organisation complète.

Ses successeurs en firent autant tour-à-tour, selon les mœurs du temps.

Alors les corporations comprenaient trois divisions capitales :

1° La Maîtrise ;

2° Le Compagnonnage ;

3° L'Apprentissage.

Voyons quels étaient les avantages et les inconvénients de ces institutions, et recherchons si la loi de 1791, qui les abolit toutes, a fait plus de bien que de mal au commerce et à l'industrie.

(1) Dalloz (mot industrie).

La Maîtrise était le titre qui s'acquérait après l'apprentissage et le compagnonnage. N'était reçu maître que celui qui avait passé un certain temps à apprendre sa profession, qui en donnait la preuve et qui, en passant des examens, justifiait de sa capacité dans son art.

Les corporations organisées d'après le système de saint Louis dans un but d'ordre, de discipline et de probité devaient produire des résultats dignes de l'attention des économistes et des hommes d'Etat.

M. Blanqui dit « qu'elles ont accoutumé les travailleurs « à la patience, à l'exactitude, à la persévérance. Elles ont « fait naître la sécurité dans le commerce et donné une « impulsion immense à cet élément important de la fortune « publique. Dès que les consommateurs ont été certains de « n'être plus trompés sur la qualité et sur la quantité des « produits, ils en ont fait des demandes plus considérables « et procuré par là des moyens de subsistance plus étendus « aux classes laborieuses. Il y avait bien aussi quelques « avantages dans cette hiérarchie sévère qui faisait du « maître en industrie comme le chef de famille de ses ou- « vriers, avec des pouvoirs presque aussi étendus que ceux « du père sur ses enfants. La limite fixée au nombre des « métiers maintenait la concurrence dans des bornes sans « doute un peu étroites et par conséquent entachées de « monopole, mais elle s'opposait à ces entreprises inconsi- « dérées qui trop souvent donnent aux luttes industrielles « de notre temps le caractère d'une guerre à mort, où le « vaincu fait faillite, sans que le vainqueur fasse fortune. »

Mais avant d'obtenir le titre de maître, il fallait faire un noviciat qui comptait deux degrés. Le premier consistait dans l'apprentissage.

Pour chaque métier le nombre des apprentis était fixé ; et n'était pas admis qui voulait dans un atelier. Cette mesure avait l'avantage de former d'excellents ouvriers, rompus dès l'enfance aux secrets de leur profession et élevés sous l'œil du maître comme ses propres enfants. Mais elle avait aussi l'inconvénient de *parquer*, comme dit Rossi, l'ouvrier dans sa profession, et il n'était pas permis de changer d'état, même pour manque d'ouvrage.

Aussi la liberté d'action étant enchaînée, l'ouvrier suivait forcément une même routine qui arrêtait le progrès du commerce et de l'industrie.

Quoi qu'il en soit, constatons que l'apprenti ne pouvait pas quitter son maître tant que durait son noviciat, et, en revanche, le maître ne pouvait pas renvoyer son apprenti pendant le même temps.

Et l'apprentissage durait suivant les villes et selon la nature de la profession, soit 4, 6, 7, 8, 10 et 12 ans.

Mais l'on distinguait l'apprentissage payé et l'apprentissage non payé. Le premier durait toujours moins longtemps.

Certaines professions étaient réservées aux femmes, notamment celle de fileuse de soie, dont, naturellement, l'apprentissage leur était réservé en même temps.

Après ces premières épreuves, on passait compagnon, ce qui était un nouvel obstacle à la liberté de l'industrie. Le compagnonnage était alors une sorte d'appendice à l'apprentissage et durait cinq années. C'était pendant ce temps-là que s'opérait le tour de France, qui, par la comparaison des différentes manières de travailler des diverses provinces, perfectionnait l'apprenti destiné à devenir maître.

Les fils de maîtres étaient exempts des frais et des conditions d'apprentissage; pourvu qu'ils eussent travaillé chez leurs parents jusqu'à l'âge de dix-sept ans, ils devenaient, en atteignant cet âge, compagnons de plein droit. Mais ils n'étaient pas dispensés de subir leurs examens et de fournir leur chef-d'œuvre qui était la preuve évidente et irrécusable de leur mérite et de leur droit à passer maîtres.

Le compagnonnage avait donc ses avantages et ses inconvénients ; c'est ce que nous voulons faire connaître ici afin que l'on puisse mieux juger de cette institution dont nous n'avons plus qu'une pâle idée.

Voici les avantages selon Chaptal :

« Lorsqu'un compagnon arrivait dans une ville, il n'avait « qu'à se faire reconnaître pour avoir du travail, et, si par « hasard toutes les places étaient occupées, le plus ancien « lui cédait la sienne. Si un compagnon se trouvait dé- « pourvu d'argent pour se transporter dans une autre ville, « l'association venait à son secours ; s'il tombait malade, « ses camarades le soignaient comme un frère ; si l'un d'eux « était lésé dans ses droits, tous prenaient sa défense ; « si quelqu'un s'écartait des voies de l'honneur et de la « probité, ils en faisaient justice. »

Mais il y avait la contre-partie des inconvénients, toujours selon le même auteur :

« Cette institution, admirable sous beaucoup de rap- « ports, avait de graves inconvénients dans quelques cas. « Lorsqu'un compagnon avait à se plaindre d'un maître « et que la plainte était admise par le corps, on *damnait* « la boutique du maître, et, dès ce moment, il n'était plus « permis à personne d'y travailler. Le maître était forcé de « faire des réparations, qui lui étaient dictées, pour pouvoir « continuer ses travaux. Lorsqu'ils croyaient avoir à se « plaindre des magistrats d'une ville, ils *damnaient* la ville, « et tous les compagnons en sortaient à la fois : les ateliers « devenaient déserts, tous les travaux étaient suspendus ; « les nouveaux compagnons passaient sans s'arrêter, et « les maîtres étaient forcés de se transporter dans les « villes voisines pour y négocier le retour des compa- « gnons et lever l'interdit. »

Tous les esprits sages conviendront que si les compagnons étaient trop souvent pris de l'envie de *damner* les maîtres et les villes, le commerce et l'industrie devaient avoir terriblement à souffrir par moments, et l'on ne s'étonnera plus d'avoir vu édicter des peines sévères contre les coalitions d'ouvriers dons nous parlerons plus tard.

Mais poursuivons ce qui est relatif au compagnonnage et disons qu'il était interdit aux compagnons de s'établir dans d'autres villes que celles où ils avaient fait leur apprentîssage. Jusqu'en 1755 cette mesure, aussi contraire à la raison qu'aux besoins de l'époque et aux progrès de l'industrie, fut rigoureusement observée. Puis, quand elle fut modifiée par le législateur, seules les villes de Paris, Lyon, Lille et Rouen, c'est-à-dire la tête de l'industrie française, la subirent encore jusqu'en 1791.

Grâce à ce système étroit d'organisation du commerce les étrangers ne pouvaient pas être admis en France à la maîtrise; mais en 1767, cette interdiction fut levée pour eux.

Enfin, quand les compagnons avaient subi toutes leurs épreuves, passé les examens et fourni le *chef-d'œuvre*, ils devenaient maîtres et se trouvaient répartis en diverses corporations ainsi divisées (1) :

D'abord, six communautés de marchands comprenant, savoir :

Premièrement : Le corps de drapiers-merciers non fabricants, même sous prétexte d'enjolivement.

Deuxièmement : Les épiciers, ne pouvant servir ni donner à boire de l'eau-de-vie et des liqueurs : ils ne devaient débiter que des drogues simples, sans manipulation, des cafés, graines, vinaigres, huiles, etc.

Troisièmement : Les bonnetiers, pelletiers-chapeliers, fourreurs.

(1) JOURNAL DU PALAIS, Dictionnaire de Jurisprudence.

Quatrièmement : Les orfèvres, batteurs et tireurs d'or et d'argent.

Cinquièmement : Les fabricants d'étoffes, de gaze, tissus et rubans.

Sixièmement : Les marchands de vins, à qui un article spécial de leurs statuts défendait de mettre de l'eau dans leurs vins.

Ensuite on comptait soixante-cinq communautés d'artisans de toutes les professions.

Dans chaque corporation existaient des syndicats chargés de la police des métiers. Les statuts leur donnaient la mission de recevoir les plaintes des membres de la profession, d'étudier et juger les rapports sur les visites faites par les commissions de surveillance chez les maîtres. En outre, les syndics faisaient subir aux apprentis et compagnons les examens d'usage ; ils fixaient les prix des marchandises, empêchaient la concurrence déloyale ou du moins la rendaient très-difficile.

Si un maître se livrait à une fabrication fallacieuse, il était puni au nom du syndicat par la destruction des métiers et outils servant à la fabrication.

Enfin, les syndicats exerçaient une surveillance très-grande qui maintenait la probité et la moralité parmi les maîtres, les compagnons et les apprentis.

Aussi, quand les tribunaux avaient besoin de renseignements, les syndicats étaient tout prêts à les seconder, à leur fournir des documents et à donner des avis et faire des rapports sur les choses de pratique.

A cette époque les mœurs étaient sévères, les lois également ; aussi, à certains points de vue le système des corporations avait ses avantages.

Mais en retour, le monopole concentré en quelques mains engendrait une routine désespérante, éloignait le progrès et excluait le commerce étranger. Aussi peu ou point d'émulation parmi les fabricants et tous les désavantages d'un état stationnaire.

Tout demeura dans ce *statu quo* jusqu'à l'édit de 1776 (février), rendu sous le ministère de Turgot. Un essai de reforme fut tenté, sauf en ce qui touchait les professions des perruquiers, des imprimeurs, des libraires, des apothicaires et des orfèvres.

La crainte des excès dans la liberté de la presse avait fait conserver le privilége des libraires et des imprimeurs. Puis la nécessité de veiller à la santé publique fit respecter les apothicaires. Quant aux orfèvres, la garantie des matières d'or et d'argent et un projet de réforme spéciale que Turgot avait formé, empêchèrent la liberté de leur métier, et enfin, comme les perruquiers-coiffeurs avaient eu leurs offices, à prix d'argent, la somme à leur rembourser et le peu de danger qu'ils présentaient en corps d'état, les firent rester privilégiés.

Mais au mois d'août de la même année, le ministre Necker fit rapporter l'édit obtenu par son prédécesseur Turgot, et les choses retombèrent dans le même état jusqu'au 2 mars 1791.

Du reste, la France n'avait pas été seule à posséder des corporations; elles existaient en Angleterre, en Allemagne, en Italie et dans les Pays-Bas depuis le Moyen-Age : il s'en voit encore en Angleterre, mais à côté d'elle il y a les villes libres qui font la concurrence et amènent le progrès.

Donc, aujourd'hui, le commerce et l'industrie sont libres.

Il n'y a plus de contrôle, plus de garantie, plus d'entraves au progrès.

Aussi que se passe-t-il dans les métiers et professions de nos jours? Tout est livré au libre arbitre du commerçant et en cas de fraude à la justice normale du pays.

Puis la fabrication est loin de présenter ces garanties formelles que les corporations offraient au public.

Chacun est maître quand il le veut, puisque la loi du 2 mars 1791 a déclaré que « tout citoyen est libre d'exercer tel métier ou telle profession qu'il jugera à propos. » Pourvu qu'on se conforme aux lois et au Code de commerce, la chose est facile.

Ainsi plus d'apprentissage, de compagnonnage et de maîtrise réglementés, mais des ouvriers et des patrons.

Les seules choses qui aient conservé une forme déjà connue, ce sont les Chambres syndicales des corps d'état, sortes de conseils de famille où le public peut puiser des renseignements sur le prix de la main-d'œuvre dans les travaux, en cas de difficultés avec les entrepreneurs et ouvriers.

Nous avons écrit à ce sujet quelques lignes, sous le titre de *Chambres syndicales*, et nos lecteurs pourront trouver dans notre opuscule quelques renseignements utiles sur cette institution moderne que les Tribunaux et le public apprennent chaque jour à mieux connaître.

Quant aux compagnons qui ont survécu, M. Bouillet dit que « ces compagnons forment trois grandes associations, qui se donnent les noms d'enfants de Salomon, d'enfants de Maître Jacques et d'enfants du père Soubise. »

« Les premiers se subdivisent en Gavots et en Loups ou Compagnons étrangers. »

« Les seconds en Loups-Garous et Dévorants. »

« Mais les enfants de Maître Jacques et ceux du père Soubise prennent seuls le nom de Compagnons du devoir. »

« Ces associations, au lieu de s'unir et de s'entraider, sont rivales et hostiles; trop souvent elles se sont livré des combats acharnés. »

Mais les mœurs s'adoucissent et tout en restant utiles, les compagnons sont moins amis de la lutte et plus portés à se rapprocher les uns des autres. Peut-être un jour viendra où cette institution donnera des résultats sérieux sans aucun des inconvénients qu'elle a pu présenter à certaines époques, comme le constatent les auteurs que nous venons de citer.

Pour nous, l'étude du compagnonnage nous entraînerait trop loin, et nous nous bornerons à citer ces quelques mots.

DEUXIÈME CONFÉRENCE.

Lois nouvelles concernant les rapports des patrons, des ouvriers et des apprentis.

Nous avons dit en commençant qu'il y a en général trois phases dans la vie des travailleurs. D'abord ils sont apprentis, puis ils deviennent ouvriers, et, quand ils le peuvent, patrons.

Cette proposition est surtout exacte depuis la loi du 2 mars 1791, dont l'art. 7 dispose que désormais :

« Il sera libre à toute personne de faire en France tel « commerce, d'exercer tel ou tel métier qu'elle trouvera « bon. »

Il existe donc aujourd'hui, et pour tous, une liberté absolue d'être commerçant, ouvrier, maître ou patron. Voyons si toutefois certaines restrictions, pour les choses ou bien pour les personnes, n'ont pas été apportées par des lois postérieures à celle de 1791.

Commençons 1° par les personnes, et nous verrons que deux genres de restriction se présentent : le premier en cas d'incapacité, le second en cas de prohibition. L'*incapacité* résulte de l'état de mineur, de femme mariée et des autres causes légales d'interdiction, comme la démence, la fureur, etc. La *prohibition* suppose la capacité, car les agents de change, les courtiers de commerce, ainsi que tous les magistrats, avocats, officiers ministériels, pourraient faire le commerce sans la défense de la loi.

Passons maintenant aux choses. Nous verrons que la *Banque de France*, d'après la loi du 24 germinal an XI, n'est pas un établissement de commerce ordinaire, que les *tontines* ont été privilégiées le 25 mars 1809 par un avis du Conseil d'Etat, que la librairie et l'imprimerie sont réglementées (loi 21 oct. 1814), de même que les *Sociétés anonymes* possédant au-delà d'un capital de vingt millions, depuis la loi sur les Sociétés à responsabilité limitée du 23 mai 1863. Le Gouvernement s'est en outre réservé le monopole des poudres de guerre et de chasse, des tabacs et cigares, la fabrication des armes de guerre et de ce qui concerne les navires de l'Etat, etc., etc.

Mais comme nous avons déjà développé ces propositions dans la 6e conférence du premier volume de notre Cours public, nous ne nous y appesantirons pas davantage.

Notre sujet comporte un autre ordre d'idées, consistant dans l'étude des rapports actuels qui existent entre les patrons et les ouvriers ou les apprentis, tels que les ont créés les lois nouvelles et les mœurs de notre époque.

Sachons d'abord ce qu'on appelle dans le commerce et l'industrie un patron ou maître.

Evidemment c'est tout chef d'établissement qui paie une patente proportionnée à l'importance de sa maison de commerce, ainsi que cela est établi par les lois fiscales ; en outre d'après l'art. 1er du Code de commerce « sont commerçants ceux qui exercent des actes de commerce et en font leur profession habituelle. »

Il faut donc faire des actes de commerce continuels et surtout en faire sa profession habituelle, car sans l'habitude et la profession l'on peut bien exercer des actes de commerce isolés sans pour cela être commerçant. Par exemple, le simple particulier qui souscrit par hasard une lettre de change fait, sans le savoir, un acte de commerce qui le rend justiciable du Tribunal de commerce, mais il ne devient pas pour cela banquier, agent de change, courtier, etc., etc.

Ces principes, admis par tous les auteurs, ont été du reste assez longuement développés par nous dans notre Cours public de droit appliqué au commerce et à l'industrie (tome Ier) pour que nous n'y revenions pas aujourd'hui.

Peuvent encore être maîtres ou patrons les mineurs émancipés de l'un et de l'autre sexe âgés de dix-huit ans révolus, pourvu qu'ils soient : 1° autorisés par leurs pères ou leurs mères, ou, à défaut de ceux-ci, par une délibération du conseil de famille homologuée par le Tribunal civil de leur arrondissement ; 2° pourvu qu'ils aient fait enregistrer l'acte d'autorisation susénoncé au bureau de l'enregistrement et qu'ils l'aient fait afficher au Tribunal de commerce du lieu où leur domicile se trouvera établi.

Nous avons bien des explications à donner ici pour tous ces termes, *émancipés*, *autorisés*, *homologuée*, *enregistrer*, *afficher*, que nous venons d'employer.

On entend par *émancipation* la mise de l'enfant mineur, hors de la puissance paternelle ou de la tutelle, en ce qui concerne l'administration de sa personne et de ses biens. C'est en uelque sorte une manière d'avancer l'époque de la majorité du mineur. Toutefois il y a encore certains droits que le mineur émancipé n'a pas. Ainsi, notamment, le mineur émancipé qui n'est pas commerçant ne peut pas, seul et sans l'assistance d'une personne, d'un protecteur qu'on nomme son *curateur*, intenter un procès dont la cause serait la réclamation d'un immeuble, ni soutenir un procès de cette nature en se défendant seul, ni recevoir ou donner décharge ou quittance définitive d'un capital mobilier. En outre, le mineur émancipé non commerçant ne peut passer un bail dont la durée excède neuf années consécutives. Il peut seulement recevoir ses revenus, en donner décharge et faire en général les actes de pure administration.

Mais quand il est émancipé et commerçant, la loi décide qu'il est réputé majeur pour les faits relatifs à son commerce.

L'acte d'*autorisation*, dont nous venons de prononcer le nom, consiste dans la déclaration écrite des parents, et, à leur défaut, du conseil de famille, constatant le consentement donné au mineur pour qu'il fasse le commerce.

Homologuer, c'est approuver et ratifier une mesure prise par autrui, et l'homologation d'un tribunal, donnée à une autorisation paternelle ou à la délibération d'un conseil de famille, c'est la manière de la consacrer entièrement.

Enregistrer, c'est faire apposer sur un acte sous signature privée, c'est-à-dire non rédigé par un notaire dans la forme authentique, une date invariable et certaine que le Receveur d'enregistrement met lui-même sur le manuscrit et qu'il transporte sur un registre légal tenu à cet effet. Si l'acte se perd, au moins la date et le résumé de la substance de l'acte sont conservés. Quelques actes sont même légalement transcrits en entier.

Quant à *l'affiche*, elle consiste dans l'exposition de l'acte d'autorisation enregistré au milieu d'un cadre fermé par un grillage en fer, que les greffiers placent dans l'intérieur de la salle d'audience du Tribunal de commerce.

Ces règles étant admises, nous passerons à ce qui concerne un autre genre de commerçants qui ont besoin de remplir certaines formalités pour exercer leur profession. Nous voulons parler des femmes mariées.

La femme ne peut être marchande publique sans le consentement de son mari ; parce qu'elle est soumise d'une manière absolue à l'autorité conjugale, nécessaire à la bonne administration de cette société qu'on appelle le ménage, ou la communauté.

La femme à cause de sa faiblesse et de son inexpérience est, en thèse générale, placée sous la direction de l'homme. Mais quand l'exception se produit, et que la femme, plus intelligente que son mari, peut faire le commerce, ou bien quand le mari, ayant lui-même une profession incompatible avec les lois commerciales, autorise sa femme à devenir marchande publique, alors il faut constater le consentement du mari par écrit, et la femme peut exercer librement les actes de commerce qu'elle désire. A partir de ce moment elle est *maîtresse* ou *patronne* pour les ouvriers qu'elle emploie. De même, elle peut s'obliger et obliger son mari, quand il y a communauté de biens entre eux, pour tout ce qui concerne son négoce. Mais il faut faire attention à ceci : c'est que si la femme ne fait que détailler les marchandises de son mari, sans autre acte personnel, elle n'est pas, à proprement parler, marchande publique. Pour cela, il faut qu'elle fasse un commerce séparé qui lui soit propre. Une fois marchandes publiques, les femmes peuvent engager, hypothéquer et vendre leurs immeubles personnels, comme les majeurs capables et libres de s'engager.

Ces patrons et maîtres différents, soit majeurs, soit mineurs, soit femmes mariées, ont tous les mêmes droits, en tant que considérés comme commerçants.

Il va donc y avoir pour eux parité et égalité de droits et de devoirs.

Les droits à l'autorité, à la direction de leurs maisons, à l'obéissance de leurs ouvriers et employés, et les devoirs d'équité, de justice et de probité à l'égard de ces mêmes subordonnés; voilà désormais ce que nous allons examiner loyalement et impartialement.

L'autorité du maître reconnue et consacrée par le législateur, puise son origine dans la loi divine. Si le père de famille reçoit de la nature même l'instinct et le sentiment de la protection dont il entoure les êtres auxquels il a donné le jour, c'est à la condition que ceux qui lui auront dû et l'existence et l'éducation physique et morale, ainsi que l'instruction, seront toute leur vie dans la dépendance plus ou moins grande de l'auteur de leurs jours. A mesure que l'enfant grandit et se développe, il a peu à peu moins besoin de cette protection paternelle.

Les liens du sang ont été créés par le grand Auteur de toutes choses, et les conventions de l'homme ont, à l'imitation des lois révélées par la conscience, établi les liens de la reconnaissance et du devoir envers les parents.

Puis, comme toute société a besoin d'un chef pour subsister dans une harmonie parfaite, le père de famille, désigné du reste par la nature comme le plus fort, est devenu le maître, le directeur dans l'union conjugale et dans la famille.

De même, le patron ou maître fondant une entreprise, admettant chez lui des ouvriers, les dirigeant soit par la supériorité de ses connaissances, de sa force, ou de ses capitaux doit, en échange de cette direction qu'il imprime, être revêtu d'une certaine autorité qui commande le respect et l'obéissance.

L'ascendant du patron sur l'ouvrier a donc été créé par la loi à l'imitation de l'autorité paternelle sur la famille. Telle est l'origine des choses.

Mais l'on voit de suite que les droits du maître lui imposent des devoirs. Il lui faut surveiller la conduite et la vie de ceux qui se soumettent à lui, tant qu'ils sont chez lui ou employés par lui. Cette surveillance entraîne nécessairement la responsabilité, et c'est ce que nous lisons dans le Code Napoléon à l'art. 1384, qui, en échange de l'autorité qu'il délègue à certaines personnes, les rend responsables des faits et gestes de ceux qu'elles emploient ou qu'elles ont sous leur garde.

C'est ainsi qu'il faut comprendre le texte de cet article qui proclame que « le père, et la mère après le décès de celui-ci, sont responsables du dommage causé par leurs enfants mineurs habitant avec eux. »

Cette responsabilité incombe aux parents parce qu'ils doivent avoir chez eux leurs enfants, les surveiller, leur donner de bons exemples et de bons enseignements. Mais si les enfants sont confiés à des instituteurs, patrons ou maîtres, les parents ne peuvent pas mettre sérieusement obstacle aux écarts et aux fautes de leurs enfants.

Or voici que l'autorité paternelle a été déléguée volontairement par les parents à des étrangers qui se sont chargés d'instruire ou de faire travailler et de surveiller leurs enfants. Alors l'article dispose que « les maîtres et commettants répondent du dommage causé par leurs employés, commis et serviteurs dans les fonctions auxquelles ils les ont employés ; — les instituteurs et les artisans répondent du dommage causé par leurs élèves et apprentis, pendant le temps qu'ils sont sous leur surveillance. »

Ainsi l'on voit bien clairement la volonté du législateur. D'abord l'autorité et la responsabilité du père ou de la mère, puisées dans la loi divine ; puis, par imitation, l'autorité et la responsabilité des patrons, artisans, commettants, maîtres et instituteurs, écrites dans la loi civile et sanctionnées sévèrement.

Maintenant jusqu'où va cette responsabilité ? entamera-t-elle la liberté avec la fortune ? où s'arrêtera-t-elle à la fortune seule du responsable ?

Dans quelques cas, surtout quand il s'agit de faits constituant des délits et des quasi-délits, la liberté peut être menacée, mais la plupart du temps c'est la fortune seule qui est en péril et c'est déjà une assez lourde charge pour les intéressés.

Donnons ici quelques exemples de la responsabilité dont nous parlons.

Voici par exemple en matière de travaux publics et par

application de l'article 1797 du code Napoléon, ce que plusieurs arrêtés du Conseil d'Etat ont décidé : « Un entrepreneur (de pavage, par exemple) est passible des amendes de voirie encourues par ses agents dans l'exécution de ses ordres. » (Décisions des 29 janvier 1841, 15 juin 1842, 25 avril et 2 mai 1845.)

D'un autre côté et en matière de commerce, nous pouvons donner l'analyse d'un arrêt de la Cour de cassation qui a décidé qu'un commerçant « est responsable des fautes commises ou de la fraude employée par son commis voyageur, qui le représente en réalité aux yeux des personnes avec lesquelles il est appelé à faire des affaires, dans le placement des marchandises, et des objets que le commis est chargé de vendre.

« Le commettant ne peut se soustraire aux conséquences légales des faits de son commis, sous prétexte que ce dernier a outrepassé les termes de son mandat. »

(Arrêt de la *Cour de cassation*, *rejet* 8 *novembre* 1843.)

De même un patron répond du fait des ouvriers qu'il envoie chez ses clients.

Aussi en revanche, il est admis qu'un commis voyageur doit tout son temps et tous ses soins au négociant pour le compte duquel il voyage (sauf convention contraire). Ainsi lorsqu'il s'est occupé sans convention de placer ses marchandises propres en concurrence avec celles de son patron, il doit une indemnité à ce dernier.

(*Cour de Bordeaux*, 12 *mars* 1842.)

De même, un ouvrier qui ferait pour son compte un travail pendant les journées qu'il doit à son patron, serait exposé à des demandes en dommages-intérêts.

Il y a solidarité entre eux et la loi veut de la fidélité de la part de l'ouvrier vis-à-vis du patron.

Enfin pour se convaincre de l'importance des devoirs des ouvriers à l'égard de leurs patrons, il n'y a qu'à consulter l'article 418 du Code pénal et la loi du 5 juillet 1844 sur les brevets d'invention.

On y verra combien le législateur est sévère pour l'ouvrier et le contre-maître, qui trahissant les devoirs que leur impose la loi, divulguent les secrets de leur patron pour le livrer soit à d'autres Français comme eux, soit à des étrangers.

L'amende, la prison menacent l'ouvrier infidèle aussi bien que celui qui fait une concurrence déloyale à autrui.

Pour nous résumer et ne pas prolonger cette étude, rappelons à chacun ses droits et ses devoirs.

Disons aux patrons, aux maîtres, qu'ils doivent être les pères, les amis et les guides de ceux qui travaillent pour eux, et tâchons de convaincre les ouvriers qu'ils doivent à leurs patrons honneur et respect, comme aux représentants de l'autorité.

De cette manière, tout se passera dans une parfaite harmonie, et les travailleurs formeront une véritable famille, modelée sur celle que le Créateur a voulu fonder par les liens du sang.

TROISIÈME CONFÉRENCE.

Des ouvriers. — Diverses classes. — Des livrets. — Obligation d'en être muni.

Les ouvriers se divisent en trois classes distinctes qui sont : les apprentis, les compagnons, les contre-maîtres.

L'apprenti est celui qui apprend son état ou sa profession sous la direction d'un patron.

Le compagnon est l'ouvrier, qui, après avoir appris son état, s'engage à travailler avec un patron, soit à la journée, soit aux pièces.

Enfin, le contre-maître est un ouvrier préposé dans certains établissements, à la direction de tout ou partie des travaux et à la surveillance d'une partie ou de tous les ouvriers de l'établissement. Remarquons immédiatement qu'aucune de ces situations ne soumet les travailleurs à la patente, parce qu'ils ne sont pas commerçants proprement dits.

Mais il s'agit de savoir à laquelle de ces trois classes d'hommes les lois imposent l'obligation d'être muni d'un livret.

Et d'abord, qu'est-ce qu'un livret ?

Forme du livret. — Son but, son utilité.

C'est un petit cahier ou registre sur papier libre (c'est-à-dire non timbré), coté et paraphé sans frais, sur lequel sont inscrits :

— Les noms, prénoms ;
— Age, lieu de naissance ;
— Signalement ;
— La désignation de la profession ;
— Et les noms des maîtres chez lesquels a travaillé successivement l'ouvrier.

Le but de ce cahier est décrit dans l'art. 14 de la loi du 12 avril 1803 (ou 22 germinal an XI) qui veut « que les « conventions faites de bonne foi entre les ouvriers et ceux « qui les emploient soient exécutées. »

Le livret n'a donc pas pour but, dans la pensée du législateur, de servir simplement comme moyen de surveillance à l'égard des ouvriers. C'est, avant tout, le titre constant des contrats qui se passent entre les ouvriers et leurs différents patrons.

Il faut donc s'attacher à lui donner un caractère plus élevé, plus noble que celui qui lui est imprimé par beaucoup d'ouvriers.

En effet, dans l'esprit d'un certain nombre d'entre eux, le livret ne sert qu'à contrôler la vie des travailleurs, à les faire surveiller par la police.

Il est certain que le livret faisant connaître les ouvriers, peut faciliter les recherches de la police et la surveillance de leur conduite, quand il y a lieu ; mais ce n'est pas dans ce but que le législateur de 1803 a créé le livret, comme nous allons le démontrer. Etudions - en présentement l'origine.

Origine du livret.

Le premier acte public où il soit fait mention des livrets d'ouvriers, porte la date du 12 novembre 1781.

Ce sont des lettres-patentes du roi Louis XVI qui en parlent en ces termes : « livre ou cahier sur lequel seront « successivement portés les certificats qui seront délivrés « aux ouvriers par les maîtres chez lesquels ils auront « travaillé. »

On entendait par *lettres-patentes* des actes émanant du Souverain, scellés du grand sceau de France et contresignés par un Ministre secrétaire d'État.

Comme autrefois, il y avait les *lettres de cachet* qui étaient secrètes et s'exécutaient contre les individus qui y étaient désignés sans aucune formalité publique, par opposition l'on nommait lettres-patentes celles qui étaient ainsi ouvertes à tous et connues de tous.

Quand vint le droit nouveau, cette idée de constater les contrats par une manière certaine autant que simple et commode vint à l'esprit des législateurs, et c'est ainsi que l'on trouve dans la loi du 22 germinal an XI (12 avril 1803) les art. 11, 12, 13, 14, 15, sous le titre III, intitulé : *des obligations entre les ouvriers et ceux qui les emploient.*

L'art. 13 porte :

« La forme des livrets et les règles à suivre pour leur « délivrance, leur tenue et leur renouvellement seront « déterminés par le Gouvernement de la manière prescrite « pour les règlements d'administration publique. »

« Art. 14. — Les conventions faites de bonne foi entre « les ouvriers et ceux qui les emploient seront exécutées. »

« Art. 15. — L'engagement d'un ouvrier ne pourra excé« der un an, à moins qu'il ne soit contre-maître, conduc« teur des autres ouvriers, ou qu'il n'ait un traitement et « des conditions stipulées par un acte exprès. »

Il faut remarquer ici que l'art. 13 renvoie, pour déterminer la forme des livrets, leur tenue, etc., à des règlements d'administration publique.

C'est effectivement ce qui a été fait par l'arrêté consulaire du 9 frimaire an XII (1er décembre 1803) ainsi intitulé : « Arrêté relatif au livret dont les ouvriers travaillant en qualité de compagnons ou garçons devront être pourvus. »

Le titre Ier contient les dispositions générales en trois articles ainsi conçus :

« Art. 1er. — A compter de la publication du présent

« arrêté, tout ouvrier travaillant en qualité de compagnon « ou garçon devra se pourvoir d'un livret. »

« Art. 2. — Ce livret sera en papier libre, coté et para- « phé sans frais, savoir : à Paris, Lyon et Marseille, par un « commissaire de police, et dans les autres villes, par le « maire ou l'un de ses adjoints. Le premier feuillet portera « le sceau de la municipalité et contiendra le nom et le « prénom de l'ouvrier, son âge, le lieu de sa naissance, son « signalement, la désignation de sa profession et le nom « du maître chez lequel il travaille. »

« Art. 3. — Indépendamment de l'exécution de la loi « sur les passeports, l'ouvrier sera tenu de faire viser son « dernier congé par le maire ou son adjoint, et de faire « indiquer le lieu où il se propose de se rendre. »

« Tout ouvrier qui voyagerait sans être muni d'un livret « ainsi visé, sera réputé vagabond et pourra être arrêté et « puni comme tel. »

Ensuite, pour l'exécution de ces dernières mesures, mentionnons l'arrêté additionnel du 10 ventôse an XII (1er mars 1804) en deux articles.

Nous pouvons encore citer les ordonnances du 10 février 1804, du 25 mars 1818, du 18 juin 1822, rendues par différents préfets de police, mais elles ne sont plus en vigueur actuellement.

Il n'y a plus que celles du 1er avril 1831 et du 30 décembre 1834 qui soient restées debout pour Paris.

Maintenant comment s'obtient le premier livret d'un ouvrier ? C'est dans l'art. 11 de l'arrêté du 9 frimaire an XII que nous trouverons la réponse à cette question.

« Art. 11. — Le premier livret d'un ouvrier lui sera « expédié : 1° sur la présentation de son acquit d'appren- « tissage ; 2° ou sur la demande de la personne chez « laquelle il aura travaillé ; 3° ou enfin sur l'affirmation de « deux citoyens patentés de sa profession et domiciliés, « portant que le pétitionnaire est libre de tout engagement

« soit pour raison d'apprentissage, soit pour raison d'obli-
« gation, de travailler comme ouvrier. »

Quand le livret est rempli ou hors d'état de servir, l'art. 12 donne le moyen de le remplacer.

« Art. 12. — Lorsqu'un ouvrier voudra faire coter et « parapher un nouveau livret il représentera l'ancien. Le « nouveau ne sera délivré qu'après qu'il aura été vérifié « que l'ancien est rempli ou hors d'état de servir. Les men- « tions des dettes seront transportées de l'ancien livret sur « le nouveau. »

En cas de perte, on trouve dans l'art. 13 un remède à cet inconvénient.

« Art. 13. — Si le livret de l'ouvrier était perdu, il « pourra, sur la représentation de son passeport en règle, « obtenir la permission provisoire de travailler, mais sans « pouvoir être autorisé à aller dans un autre lieu, et à la « charge de donner à l'officier de police du lieu la preuve « qu'il est libre de tout engagement, et tous les renseigne- « ments nécessaires pour autoriser la délivrance d'un nou- « veau livret, sans lequel il ne pourra partir. »

On peut observer ici que le livret est indépendant du passeport. En effet, si la loi de germinal an XI ne dit rien à ce sujet, il en est autrement de l'arrêté du 9 frimaire an XII, qui nous fait faire cette réflexion, car l'art. 3 cité par nous tout-à-l'heure dit en propres termes : « Indépendamment de la loi sur les passeports, l'ouvrier sera tenu de faire viser, etc. »

Ceci nous prouve donc bien que le livret n'est pas un livre de police, mais un titre de contrat tenu constamment à jour entre l'ouvrier et ses différents patrons.

C'est là l'idée fondamentale et capitale qui a fait créer le livret. Est-il vrai qu'en outre il sert de moyen de contrôle ? Evidemment oui, car l'art. 3 de l'arrêté du 9 frimaire an XII punit comme vagabond l'ouvrier qui voyage sans livret.

Mais remarquons que c'est surtout parce que le livret

atteste la profession d'un homme. Or, un homme qui a une profession qui le fait vivre, même sans domicile fixe, n'est jamais traité comme vagabond; il suffit, pour s'en convaincre, de lire l'art. 270 du Code pénal ainsi conçu: « les « vagabonds ou gens sans aveu sont ceux qui n'ont ni do-« micile certain, ni moyens de subsistance et qui n'exercent « habituellement *ni métier, ni profession.* »

Ce n'est donc pas le manque de domicile ni le déplacement des ouvriers allant de ville en ville, mais le manque d'état ou d'occupation que punit l'art. 271 du même Code dans les termes suivants:

« Art. 271. — Les vagabonds ou gens sans aveu qui « auront été légalement déclarés tels, seront pour ce seul « fait punis de trois à six mois d'emprisonnement. Ils seront « renvoyés après avoir subi leur peine sous la surveillance « de la haute police pendant cinq ans au moins et dix ans « au plus. Néanmoins, les vagabonds âgés de moins de « 16 ans ne pourront être condamnés à la peine de l'em-« prisonnement; mais, sur la preuve des faits de vagabon-« dage, ils seront renvoyés sous la surveillance de la haute « police, jusqu'à l'âge de 20 ans accomplis, à moins qu'avant « cet âge ils n'aient contracté un engagement régulier dans « les armées de terre ou de mer. »

Obligation d'être muni du livret.

Voyons actuellement à qui la loi impose l'obligation d'avoir un livret, car tous les travailleurs en général n'y sont pas soumis.

Ainsi, en sont exceptés: les apprentis, les journaliers, et enfin, les contre-maîtres. Restent donc les ouvriers proprement dits travaillant à leurs pièces où à la journée, surtout dans les manufactures, fabriques et ateliers. Du reste, nous allons le savoir par les dernières lois rendues sur la matière. Car nous avons nommé plus haut la loi du 22 germinal an XI et les arrêtés qui l'ont suivie, mais ce ne sont pas les seuls actes législatifs qui aient été édictés et il nous faut poursuivre le cours de nos recherches pour arriver à la connaissance des lois actuellement en vigueur.

La première qui se présente à nos yeux est celle du 14 mai 1851 et elle est intitulée : « Loi qui modifie l'arrêté « du 9 frimaire an XII, en ce qui concerne les avances faites « aux ouvriers. »

Celle-ci, nous la laisserons momentanément de côté pour y revenir plus tard quand nous étudierons ce qui concerne les obligations des maîtres et patrons.

En ce moment, n'oublions pas que nous traitons la partie de notre programme relative aux obligations des ouvriers seuls.

Ouvrons donc de suite la loi du 22 juin 1854 qui est la dernière faite sur cette matière, nous y verrons, dans les art. 1 et 2, les règles suivantes.

« Art. 1er. — Les ouvriers de l'un et de l'autre sexe « attachés aux manufactures, fabriques, usines, mines, « minières, carrières, chantiers, ateliers et autres établis- « sements industriels, ou travaillant chez eux pour un ou « plusieurs patrons sont tenus de se munir d'un livret. »

« Art. 2. — Les livrets sont délivrés par les Maires. — « Ils sont délivrés par le Préfet de police à Paris et dans le « ressort de sa préfecture, par le Préfet du Rhône à Lyon « et les autres communes dans lesquelles il remplit les « fonctions qui lui sont attribuées par la loi du 19 juin 1851. « — Il n'est perçu pour la délivrance des livrets que le prix « de confection. Ce prix ne peut dépasser 25 centimes. »

A la suite de cette loi arrive le décret du 30 avril 1855 qui la complète et porte réglement sur les livrets.

Les sept premiers articles contiennent toute la théorie et l'on peut même dire toute la pratique, et l'on ne saurait mieux faire que de les donner textuellement. Ensuite, nous passerons aux obligations qui sont imposées aux patrons et maîtres qui emploient chez eux des ouvriers.

Voici le texte des articles du décret dont nous venons de parler.

« Art. 1er—Le livret est en papier blanc coté et paraphé « par les fonctionnaires désignés en l'art. 2 de la loi du « 22 juin 1854. — Il est revêtu de leur sceau. — Sur les « premiers feuillets sont imprimés textuellement, la loi « précitée, le présent décret, la loi du 14 mai 1851 et les « art. 153 et 463 du Code pénal. — Il énonce : 1° le nom « et les prénoms de l'ouvrier, son âge, le lieu de sa nais- « sance, son signalement, sa profession ; 2° si l'ouvrier « travaille habituellement pour plusieurs patrons ou s'il est « attaché à un seul établissement ; 3° dans ce dernier cas, « le nom et la demeure du chef d'établissement chez lequel « il travaille ou a travaillé en dernier lieu ; 4° les pièces, « s'il en est produit, sur lesquelles le livret est délivré. — « Les livrets sont imprimés d'après le modèle annexé au « présent décret. »

Vient ensuite le passage relatif aux devoirs imposés aux municipalités :

« Art. 2. — Il est tenu dans chaque commune un « registre sur lequel sont relatés, au moment de leur déli- « vrance, les livrets et les visas de voyage mentionnés ci- « après. Ce registre porte la signature des impétrants ou la « mention qu'ils ne savent ou ne peuvent pas signer. »

« Art. 3. — Le premier livret d'un ouvrier lui est « délivré sur la constatation de son identité et de sa posi- « tion. — A défaut de justification suffisante, l'autorité « appelée à délivrer le livret peut exiger de l'ouvrier une « déclaration souscrite sous la sanction de l'art. 13 de la loi « du 22 juin 1854, dont il lui est donné lecture. »

Après cela, le décret reproduit des dispositions déjà connues et que voici :

« Art. 4. — Le livret rempli ou hors d'état de servir est « remplacé par un nouveau sur lequel sont reportés : 1° la « date et le lieu de la délivrance de l'ancien livret ; 2° le

« nom et la demeure du chef d'établissement chez lequel « l'ouvrier travaille ou a travaillé en dernier lieu ; 3° le « montant des avances dont l'ouvrier resterait débiteur. — « Le remplacement est mentionné sur le livret hors d'usage « qui est laissé entre les mains de l'ouvrier. »

« ART. 5. — L'ouvrier qui a perdu son livret peut en « obtenir un nouveau sous les garanties mentionnées en « l'art. 3. — Le nouveau livret reproduit les mentions « indiquées en l'art. 4. »

Ici une disposition relative à l'action de la police sur les livrets afin de constater le vagabondage, quand il y a lieu de le redouter.

« ART. 6. — L'ouvrier est tenu de représenter son livret à toute réquisition des agents de l'autorité. »

Enfin arrive l'ART. 7, qui établit une différence entre l'ouvrier travaillant pour un seul maître et celui qui travaille pour plusieurs. Il porte que : « l'ouvrier ne travail- « lant que pour un seul établissement doit, avant de le « quitter et d'être admis dans un autre, faire inscrire sur « son livret l'acquit des engagements. »

Cette mesure se comprend si l'ouvrier n'a de rapports qu'avec un patron ; il est naturel qu'il ne puisse le quitter sans exécuter de bonne foi les conventions dont parlait la loi du 22 germinal an XI dans son art. 14, mais si l'ouvrier travaille à la fois pour plusieurs maisons, la situation est différente et l'on conçoit très-bien que l'article ajoute : « L'ouvrier travaillant habituellement pour plusieurs pa- « trons peut, sans cet acquit, obtenir du travail d'un ou « de plusieurs autres patrons. »

Il nous reste à étudier les obligations imposées aux patrons à l'occasion des livrets ; c'est dans la conférence suivante que nous nous livrerons à cette intéressante étude.

QUATRIÈME CONFÉRENCE.

(*Suite des livrets.*)

Obligations des patrons à l'égard des livrets de leurs ouvriers. — Falsifications. — Pénalités. — Livret de comptes.

Après avoir vu ce que sont les ouvriers, proprement dits, soumis à l'obligation de se munir d'un livret ; après avoir examiné les lois relatives à leurs devoirs en cette matière, nous arrivons aux lois qui concernent les patrons ou personnes employant des ouvriers.

Dans l'ancienne jurisprudence, nous trouvons d'abord l'art. 12 de la loi du 22 germinal au XII déjà citée par nous.

On y lit : « Nul ne pourra, sous les mêmes peines, recevoir « un ouvrier s'il n'est porteur d'un livret portant le certifi- « cat d'acquit de ses engagements, délivré par celui de chez « qui il sort. »

Ces mots, *les mêmes peines*, se rapportent aux termes de l'art. précédent qui défend à tout individu employant des ouvriers de recevoir chez lui un apprenti sans congé d'acquit, sous peine de dommages-intérêts.

Ces dernières expressions qui signifient *indemnité pécuniaire*, constituent une peine applicable au patron qui reçoit chez lui un apprenti qui n'aurait pas accompli toutes ses obligations vis-à-vis de son précédent maître.

Et alors l'article 12 applique cette même peine pécuniaire au patron qui reçoit, non plus un apprenti, mais un ouvrier non dégagé de ses obligations à l'égard du dernier patron qui l'a employé.

« Cette défense, a dit la Cour de cassation dans un arrêt du 9 juillet 1829, s'applique « même au cas où l'ouvrier est « domicilié dans le lieu où il s'agit de le faire travailler. « Toutefois la contravention à cette défense n'est passible « d'aucune sanction pénale proprement dite. Elle ne donne « lieu qu'à des réclamations civiles. Aussi le Ministère « public ne pourrait pas, dans un cas pareil, poursuivre le « contrevenant devant un tribunal criminel. »

La seule répression s'obtiendrait par la justice civile.

La même Cour, par un autre arrêt, avait décidé le 19 juin 1828 « qu'il y a lieu à condamnation aux dom- « mages-intérêts encore que les ouvriers soient reçus et « occupés à des travaux différents de ceux qu'ils faisaient « d'abord et même à des terrassements, comme le creuse- « ment d'un canal. » Ainsi décidément la pénalité serait civile et pécuniaire.

Si l'on passe ensuite à la législation postérieure on arrive à l'arrêté du 9 frimaire au XII que nous connaissons aussi.

Voici sous le titre 2 intitulé : *de l'inscription des congés sur le livret et des obligations imposées à cet égard aux ouvriers et à ceux qui les emploient*, les nouvelles obligations des patrons à l'égard des livrets dont nous nous occupons. Ce sont les art. 4, 5, 6, 7, 8, 9 et 10 qui contiennent les règles sur la matière.

Art. 4. « Tout manufacturier, entrepreneur, et générale- « ment toutes personnes employant des ouvriers, seront « tenus, quand ces ouvriers sortiront de chez eux, d'inscrire « sur leurs livrets un congé portant acquit de leurs enga- « ments, s'ils les ont remplis. Les congés seront inscrits « sans lacune à la suite les uns des autres ; ils énonceront « le jour de la sortie de l'ouvrier. »

Art. 5. « L'ouvrier sera tenu de faire inscrire le jour « de son entrée sur son livret par le maître chez lequel il se « propose de travailler, ou à son défaut par les fonctionnai- « res publics désignés en l'art. 2, et sans frais, et de déposer « le livret entre les mains de son maître s'il l'exige. »

Art. 6. « Si la personne qui a occupé l'ouvrier refuse, « sans motif légitime, de remettre le livret ou de délivrer le « congé, il sera procédé contre elle de la manière et suivant « le mode établis par le titre 5 de la loi du 22 germinal; « (c'est-à-dire que les tribunaux en seront juges). En cas « de condamnation, les dommages-intérêts adjugés à l'ou- « vrier lui seront payés sur-le-champ.

Art. 7. « L'ouvrier qui aura reçu des avances sur son « salaire ou contracté l'engagement de travailler un certain « temps, ne pourra exiger la remise de son livret et la dé- « livrance de son congé qu'après avoir acquitté sa dette par « son travail et rempli ses engagements, si son maître « l'exige. »

Art. 8. « S'il arrive que l'ouvrier soit obligé de se retirer, « parce qu'on lui refuse du travail ou son salaire, son livret « et son congé lui seront remis encore qu'il n'ait pas rem- « boursé les avances qui lui ont été faites, seulement le « créancier aura le droit de mentionner la dette sur le li- « vret. »

Art. 9. « Dans le cas de l'article précédent, ceux qui em- « ploieront ultérieurement l'ouvrier feront, jusqu'à entière « libération, sur le produit de son travail, une retenue au « profit du créancier.

« Cette retenue ne pourra, en aucun cas, excéder les « 2/10es du salaire journalier de l'ouvrier : lorsque la dette « sera acquittée, il en sera fait mention sur le livret. Celui « qui aura exercé la retenue sera tenu d'en prévenir le maî- « tre, au profit duquel elle aura été faite, et d'en tenir le « montant à sa disposition. »

Art. 10. « Lorsque celui pour lequel l'ouvrier a travaillé

« ne saura ou ne pourra écrire, ou lorsqu'il sera décédé, le « congé sera délivré, après vérification, par le commissaire « de police, le Maire du lieu ou l'un de ses adjoints, et sans « frais. »

Telles sont les premières dispositions du législateur.

On reste ainsi jusqu'à la loi du **14** mai **1851**, dont l'article **1**er modifie les art. **7**, **8** et **9** de l'arrêté que nous venons de citer. Quant aux articles suivants, ils introduisent des règles nouvelles et notamment la juridiction du tribunal des prud'hommes, pour les discussions qui s'élèveront entre les patrons et les ouvriers.

Ici mentionnons les articles **2**, **3**, **4** et **5** ainsi conçus :

Art. 2. « L'ouvrier qui a terminé et livré l'ouvrage qu'il « s'était engagé à faire pour le patron ; qui a travaillé pour lui « pendant le temps réglé soit par le contrat de louage, soit « par l'usage des lieux ; ou à qui le patron refuse de l'ou- « vrage ou son salaire, a le droit d'exiger la remise de son « livret et la délivrance de son congé, lors même qu'il n'a « pas acquitté les avances qu'il a reçues. »

Art. 3. « De son côté, le patron qui exécute les con- « ventions arrêtées entre lui et l'ouvrier, a le droit de rete- « nir le livret de celui-ci jusqu'à ce que le travail, objet de « ces conventions, soit terminé et livré, à moins que l'ouvrier, « pour des causes indépendantes de sa volonté, ne se trouve « dans l'impossibilité de travailler ou de remplir les condi- « tions de son contrat. »

Si nous comparons la loi nouvelle à l'ancienne, nous remarquerons de suite des dispositions plus humaines et plus favorables à l'ouvrier. Ainsi nous lisons, dans l'art. **4**, un maximum de retenue imposée à l'ouvrier ; ce qui n'existait pas en **1803**.

Art. 4. « Les avances faites par le patron à l'ouvrier ne « peuvent être inscrites sur le livret de celui-ci et ne sont « remboursables, au moyen de la retenue que jusqu'à con- « currence de **30** francs. »

Art. 5. « La retenue sera du dixième du salaire journa-
« lier de l'ouvrier. »

Or si nous nous rappelons l'art. 9 de l'arrêté du 9 frimaire an xii, cette retenue pouvait être d'un cinquième au préjudice de l'ouvrier. Il y a ici une faveur qui tient aux besoins nouveaux de l'époque, à l'élévation des salaires et à la cherté de la vie, qui exigent pour l'ouvrier des conditions nouvelles. Toutefois le législateur, pour faire respecter les droits acquis, décide dans l'Art. 6 « que les art. 7, 8 et 9
« de l'arrêté du 9 frimaire an xii continueront de recevoir
« leur exécution pour le montant des avances dues par les
« ouvriers à leurs patrons antérieurement à la promulga-
« tion de la présente loi, sans que, dans aucun cas, les li-
« vrets puissent être retenus pour assurer le rembourse-
« ment de ces avances ou que les patrons puissent se refu-
« ser à le recevoir en argent. A cet effet le montant de ces
« avances sera arrêté et inscrit sur le livret de l'ouvrier.
« L'inscription ainsi faite sera légalisée par le Président du
« Conseil des prud'hommes, ou à son défaut par le Juge-de-
« Paix, dans le délai de deux mois à partir de la promulgation
« de la présente loi. Toutes les avances qui n'auront pas été
« constatées, suivant les formes et dans les délais énoncés
« dans le paragraphe précédent, seront soumises au droit
« commun. »

Art. 7. « Les contestations qui pourraient s'élever rela-
« tivement à la délivrance des congés ou à la détention des
« livrets seront jugées par les Conseils de prud'hommes, et
« dans les lieux où ces tribunaux ne sont pas établis, par
« les Juges-de-Paix, en se conformant aux règles de com-
« pétence et de procédure prescrites par les lois, décrets,
« ordonnances et réglements. »

Art. 8. « Les Juges-de-Paix prononceront, les parties
« présentes ou appelées par voie de simple avertissement.
« La décision sera exécutoire sur minute et sans aucun
« délai. »

La simple lecture de ces articles nous prouve toute la sollicitude des législateurs, qui veulent la réparation des préjudices et le respect des droits de chacun, sans délais, sans dépenses et surtout sans procédures compliquées.

Plus tard une autre loi paraît à la date du 22 juin 1854. En ce qui touche les patrons, notons les dispositions des articles 3, 4, 5, 6, 7 et 8.

Art. 3. « Les chefs ou directeurs des établissements « spécifiés en l'art. 1er ne peuvent employer un ouvrier « soumis à l'obligation prescrite par cet article, s'il n'est « porteur d'un livret en règle. »

Art. 4. « Si l'ouvrier est attaché à l'établissement, le « chef ou directeur doit, au moment où il le reçoit, inscrire « sur son livret la date de son entrée. Il transcrit sur un « registre non timbré, qu'il doit tenir à cet effet, les nom « et prénoms de l'ouvrier, le nom et le domicile du chef « de l'établissement qui l'aura employé précédemment, et le « montant des avances dont l'ouvrier serait resté débiteur « envers celui-ci. Il inscrit sur le livret à la sortie de l'ou- « vrier la date de la sortie et l'acquit des engagements. « Il y ajoute, s'il y a lieu, le montant des avances dont l'ou- « vrier resterait débiteur envers lui dans les limites fixées « par la loi du 14 mai 1851. »

Art. 5. « Si l'ouvrier travaille habituellement pour plu- « sieurs patrons, chaque patron inscrit sur le livret le jour « où il lui confie de l'ouvrage, et transcrit, sur le registre « mentionné en l'article précédent, les nom et prénoms de « l'ouvrier et son domicile. — Lorsqu'il cesse d'employer « l'ouvrier, il inscrit sur le livret l'acquit des engagements, « sans aucune autre énonciation. »

Art. 6. « Le livret, après avoir reçu les mentions pres- « crites par les deux articles qui précèdent, est remis à l'ou- « vrier et reste entre ses mains. »

Art. 7. « Lorsque le chef ou directeur d'établissement ne

« peut remplir l'obligation déterminée au 3e § de l'art. 4
« (inscription à la sortie de l'ouvrier de la date de la sortie
« et l'acquit des engagements), et au 2e § de l'art. 5 (ins-
« cription de l'acquit des engagements, si l'ouvrier s'en va),
« le Maire ou le Commissaire de police, après avoir constaté
« la cause de l'empêchement, inscrit sans frais le congé
« d'acquit. »

Art. 8. « Dans tous les cas, il n'est fait sur le livret au-
« cune annotation favorable ou défavorable à l'ouvrier. »

Telles sont les obligations nouvelles des patrons, obligations qui sont, il faut le dire, bien fondées sur le droit et la raison.

Enfin, la dernière loi sur la matière date du 30 avril 1855.

Seuls les art. 9 et 10 concernent spécialement les patrons ; ils sont ainsi formulés :

Art. 9. « Le chef d'établissement indique, tant sur son
« registre que sur le livret, si l'ouvrier travaille pour un
« seul établissement ou plusieurs patrons. — A l'égard de
« l'ouvrier travaillant pour plusieurs patrons, le chef d'éta-
« blissement n'est tenu de remplir les formalités du para-
« graphe précédent (registre spécial où sont inscrits les
« ouvriers), que lorsqu'il l'emploie pour la première fois.

Art. 10. » Si l'ouvrier est quitte envers le chef d'établis-
« sement, celui-ci, lorsqu'il cesse de l'employer, doit inscrire
« sur le livret l'acquit des engagements. »

Chacun a donc sa part faite par les législateurs de tous les temps ; aussi à chacun son droit et son devoir.

A présent, il faut savoir comment sont punis ceux qui enfreignent les lois que nous venons de citer.

Il est inutile de remonter à l'ancienne législation pénale ; celle qui existe aujourd'hui nous suffira, puisqu'elle est seule en vigueur.

Des falsifications, lacérations des livrets. — Pénalités applicables.

Nous trouvons d'abord dans la loi du **22** juin **1854** les art. **11**, **12**, **13**, **14** et **15** relatifs aux fautes commises par les ouvriers.

Le premier détermine la juridiction compétente pour les contraventions aux art. **1**, **3**, **4**, **5** et **8** de la même loi.

Le législateur n'a pas été sévère, car il ne voit ici que des contraventions déférées à la simple police; les peines sont modérées comme le prouve l'article **11** que voici :

Art. **11.** « Les contraventions aux articles **1**, **3**, **4**, **5** et **8** « de la présente loi sont poursuivies devant le Tribunal de « simple police et punies d'une amende d'un à quinze francs, « sans préjudice des dommages-intérêts s'il y a lieu. »

« Il peut être, de plus, prononcé, suivant les circonstan- « ces, un emprisonnement de un à cinq jours. »

Mais quand la mauvaise foi apparaît chez l'homme, le législateur devient plus sévère.

L'Art. **12** dit : « Tout individu coupable d'avoir fabriqué « un faux livret, ou falsifié un livret originairement vérita- « ble, ou fait sciemment usage d'un livret faux ou falsifié, « est puni des peines portées en l'article **153** du Code pénal.»

Ici il faut bien remarquer de quoi il s'agit, c'est d'un faux, d'un véritable crime et non plus d'une faute légère. Aussi quelle est la peine de l'art. **153** du Code pénal ? C'est l'emprisonnement de six mois au moins à trois ans au plus.

Jadis c'était une peine plus grave, qu'est venue modifier la loi du **13** mai **1863**; car il s'agissait des travaux forcés à temps.

Enfin l'art. **13** prévoit encore le cas où une faute moins grande est commise par l'ouvrier, mais la peine est encore sévère néanmoins.

Art. 13. « Tout ouvrier coupable de s'être fait délivrer « un livret, soit sous un faux nom, soit au moyen de faus- « ses déclarations ou de faux certificats, ou d'avoir fait usage « d'un livret qui ne lui appartient pas, est puni d'un em- « prisonnement de trois mois à un an. »

Heureusement l'art. 14 tempère la rigueur de la loi dans les cas sus-indiqués en déclarant que l'art. 463 du Code pénal, c'est-à-dire celui qui modère les peines par l'admission des circonstances atténuantes, est applicable dans tous les cas prévus par les art. 12 et 13 de la présente loi.

Il nous reste à faire remarquer une autre espèce de punition infligée par l'art. 15 de la loi que nous étudions.

Ici l'homme est atteint dans sa dignité de citoyen et la pénalité est plutôt morale que physique, comme il convient à une époque de civilisation où tous les droits civiques sont précieux et chers à tous les citoyens.

Le texte de cet article porte en effet : « Aucun ouvrier « soumis à l'obligation du livret ne sera inscrit sur les listes « électorales pour la formation des Conseils des prud'hom- « mes, s'il n'est pourvu d'un livret. »

Cette disposition nous prouve l'importance que le législateur attache au livret, qui est pour l'ouvrier ce que la feuille des états de service est pour le soldat. Chacun de ces hommes suit un drapeau et doit justifier de sa personnalité et de son identité pour exercer ses droits et remplir ses devoirs.

Quant aux peines édictées contre les patrons, nous l'avons déjà dit, elles consistent en dommages-intérêts ainsi que l'attestent les articles des anciennes lois de germinal et de frimaire ; puis en peines de simple police, selon les termes de l'art 11 de la loi du 22 juin 1854 précitée ; puisqu'il vise les contraventions aux art. 3, 5 et 8 que nous connaissons et qui concernent les patrons.

Voilà donc les règles légales relatives aux livrets, qui sont, comme nous l'avons déjà dit, les feuilles de route et les états de service des soldats du commerce et de l'industrie.

Il ne nous reste plus, pour terminer notre étude, qu'à parler des livrets de compte.

Des livrets de comptes.

Il est souvent difficile de bien régler les salaires de certains ouvriers travaillant à façon, tels que les tisseurs et les bobineurs.

Pour éviter les discussions, une loi du 7 mars 1850 a imposé à ceux qui exercent ces industries la formalité des *livrets de comptes*.

Le fabricant ou son intermédiaire doit inscrire sur un registre spècial, auquel on a donné ce nom, le poids de la matière à tisser, les conditions du travail et le prix des façons, le tout à peine d'amende, comme en matière de simple police.

Quand la tâche est remplie, l'ouvrier doit la remettre au patron ou au représentant de ce dernier, et le compte doit être immédiatement réglé.

De son côté, le patron a un registre d'ordre où il mentionne les indications du livret des ouvriers ; de plus il doit exposer constamment un modèle d'instrument, nécessaire à la vérification des poids et mesures, dans le local où les comptes se font, et enfin il y a là un exemplaire de la loi affiché.

Cette loi de 1850 peut être modifiée selon les besoins des professions, par des réglements d'administration publique ; et c'est ce qui a eu lieu en 1853, où un Décret Impérial a déterminé la coupe des velours de coton, la teinture, le blanchîment et l'apprêt des étoffes.

Dans cette matière, l'Administration prend l'avis des

Chambres de commerce, des Chambres consultatives de l'industrie, des Conseils de prud'hommes ou à leur défaut des Conseils de préfecture.

Il est permis d'un autre côté d'étendre les bienfaits de la loi de 1850 aux industries qui se rattachent au tissage et au bobinage, ou à celles qui offrent avec ces industries une grande affinité.

Telles sont les règles générales en cette matière. Nous ne nous y étendrons pas davantage, car l'industrie de nos contrées n'y trouverait aucun intérêt.

CINQUIÈME CONFÉRENCE.

Du Contrat d'apprentissage et de ses effets. — Lois anciennes. — Droit intermédiaire et droit nouveau.

Nous avons déjà dit que l'apprenti est un enfant (ou un jeune homme ou même encore un adulte) qui se met sous la direction d'un maître pour apprendre une profession ou un métier.

Ceci nous amène à jeter un regard en arrière pour savoir comment se pratiquait l'apprentissage avant l'époque où la liberté du commerce et de l'industrie a été proclamée, époque que nous avons déjà fait remonter à la loi du 2 mars 1791.

L'apprentissage était par lui-même autrefois ce qu'il est aujourd'hui, et ce qu'il sera toujours, un temps d'épreuve pour se familiariser avec les difficultés des professions et les secrets des métiers.

Seulement, les conditions dans lesquelles l'apprentissage se contracte et s'accomplit, pouvaient et devaient varier selon les peuples, les siècles et les besoins des hommes.

Lorsqu'à Rome, ainsi que nous l'avons dit dans notre première Conférence, le roi Numa Pompilius distribua, le premier, le peuple qu'il gouvernait vers 714 avant Jésus-

Christ, en plusieurs corps séparés par des intérêts particuliers, tels que les corps d'état des musiciens, orfèvres, teinturiers, tanneurs, cordonniers, forgerons, charpentiers et potiers de terre, il ne donnait pas la science infuse aux hommes qui devaient exercer ces métiers ; il fallait donc des apprentis.

Plus tard, le roi Tarquin le Superbe détruisit l'organisation de son prédécesseur, en l'année 534 avant J.-C. ; mais les réglements d'arts et de métiers furent rétablis presque immédiatement après l'expulsion de ce monarque.

Cet état de choses dura jusqu'en 137 avant J.-C., époque à laquelle le dictateur Sylla les abolit encore.

Le Consul Lentulus les rétablit de nouveau en 53 environ avant J.-C., et enfin le César Néron les abolit de nouveau, l'an 37 après J.-C.

Voilà pour l'antiquité !

En France, le premier Souverain qui ait officiellement publié les réglements relatifs à l'établissement des corporations d'ouvriers, est saint Louis, monté sur le trône en 1226. L'on voit de suite quelle longue succession d'années s'est écoulée chez nous sans réglementation ; si l'on suppose que Clovis le premier roi Franc, ayant chassé et vaincu les Gallo-Romains en 405 après J.-C., nous sommes restés jusqu'en 1226, à l'avènement de saint Louis, sans règles écrites à ce sujet.

Mu par une pensée de justice et de loyauté, saint Louis voulut que les métiers fussent exercés par des gens honnêtes et probes ; et il tenait à ce que les ouvriers les plus anciens et les plus habiles surveillassent les plus jeunes et les moins experts ; que ces derniers restassent plusieurs années sous la surveillance et la direction de leurs maîtres, et ne devinssent maîtres à leur tour qu'après avoir fait leurs preuves de savoir-faire.

Les réglements étaient si sévères que dans le livre 1er, ch. 146 des *Établissements* de saint Louis, l'amende et la peine de la destruction des marchandises étaient prononcées contre les fabricants qui manufacturaient d'une façon contraire aux réglements. Dans certains cas, le coupable était puni de la perte de la main droite.

L'inspection des arts, métiers et manufactures du royaume de France était confiée à un dignitaire nommé le *Roi des Merciers*, qui nommait des sous-inspecteurs chargés de vérifier la qualité des marchandises et les poids et mesures, moyennant finances.

Le Roi des Merciers était aussi chargé de délivrer les brevets d'apprentissage et les lettres de maîtrise.

Sous le roi Henri IV (de 1589 à 1610) la charge du Roi des Merciers fut remplacée par celle du *Grand Chambrier*, qui eut aussi l'inspection de tout le royaume.

Mais auparavant avaient paru deux ordonnances Royales d'Henri III, dont l'une datée de 1581 réunissait tous les corps d'état, marchands et artisans en maîtrises et jurandes.

L'autre datée de 1583 régla le temps des apprentissages, la forme et la qualité des chefs-d'œuvre, la manière de travailler, l'administration des corps d'état classés et privilégiés.

En même temps les corporations purent limiter leur nombre et avoir le monopole de leurs industries.

En 1673, une ordonnance de Louis XIV vint compléter l'œuvre du roi Henri III et soumettre à une organisation générale toutes les professions industrielles; ce qui empêchait la concurrence.

Les professions devinrent de véritables offices dont la vente produisait au Gouvernement des sommes d'argent considérables, et on les compta par milliers dans le royaume.

M. Locré cite la création des syndics-jurés des arts et métiers pour toute la France, des courtiers de vins et commissionnaires, des vendeurs d'huîtres, des pourvoyeurs de denrées, des maîtres et compagnons tireurs d'or, des auneurs de toiles, des mesureurs jurés de grains, de bois, jurés vendeurs de marée, de poissons d'eau douce, etc., etc.

Les communautés se distinguaient en deux classes:

Les grandes,

Les petites.

Les grandes comprenaient les jurés, les anciens, les maîtres modernes, les compagnons et les apprentis.

Les petites communautés n'avaient que des syndics, des grands-gardes, des gardes, des compagnons et des apprentis.

Toutes les communautés payaient des droits qui servaient aux honoraires des jurés et des syndics.

Mais chaque degré d'élévation d'apprenti à compagnon et de compagnon à maître et au-delà, rapportait un impôt au gouvernement.

Ensuite, comme nous l'avons dit en commençant, on distinguait le *Corps des marchands* comprenant six communautés dont nous avons déjà parlé, puis soixante-cinq communautés *d'artisans*, qu'il serait trop long d'énumérer.

Pour tous ces états il fallait un apprentissage, et c'est l'objet de notre étude actuelle.

Les frais d'apprentissage étaient très-élevés.

D'abord on payait des droits aux maîtres, puis une taxe à l'Etat, puis les frais de notaire et d'enregistrement au bureau de la communauté pour le brevet d'apprentissage;

Puis encore les droits de bienvenue à l'entrée, et une imposition annuelle.

Les fils de maîtres seuls étaient exempts du paiement de ces droits qui, pour les six corps de marchands, variaient de 800 à 3,600 livres, et pour les communautés d'artisans de 175 à 1,800 livres.

Les fils de maîtres étaient, comme nous l'avons déjà dit, compagnons de droit à 17 ans, pourvu qu'ils eussent travaillé chez leurs pères jusqu'à cet âge et pendant deux ans au moins.

Une déclaration du roi Louis XVI, du 1er mai 1782, régla les apprentissages et autres choses relatives aux corporations. A partir de cet édit, les brevets furent admis sous-seings privés, mais avec l'enregistrement des syndics de la communauté.

La durée de l'apprentissage ne courait que du jour de cet enregistrement.

Arriva ensuite un édit de 1788 qui changea la forme générale de l'administration du commerce et introduisit une autre organisation au point de vue de l'inspection que le Roi des Merciers et le Chambrier d'autrefois avaient eue tour-à-tour.

Enfin parut la loi du 2 mars 1791 qui abolit toutes les corporations, maîtrises et jurandes et qui constitue le droit intermédiaire.

Au milieu de tout cela que devient le contrat d'apprentissage ?

Limité d'abord à 2, 4, 6, 8, 10 et 12 ans dans certaines villes et dans certaines professions, nous allons voir comment d'après la loi du 22 germinal an XI ou de 1803 (12 avril), il est réglementé dans les Art. 9, 10, 11 :

« Art. 9. — Les contrats d'apprentissage, consentis « entre majeurs ou par des mineurs, avec le concours de « ceux sous l'autorité desquels ils sont placés, ne pour- « ront être résolus, sauf l'indemnité en faveur de l'une ou « de l'autre partie, que dans les cas suivants : 1° d'inexécu- « tion des engagements de part et d'autre ; 2° de mauvais « traitements de la part du maître ; 3° d'inconduite de la « part de l'apprenti ; 4° si l'apprenti s'est obligé à donner, « pour tenir lieu de rétribution pécuniaire, un temps de « travail dont la valeur serait jugée excéder le prix ordi- « naire des apprentissages. »

« Art. 10. — Le maître ne pourra, sous peine de dom- « mages-intérêts, retenir l'apprenti au-delà de son temps, « ni lui refuser un congé d'acquit, quand il aura rempli ses « engagements. — Les dommages-intérêts seront au

« moins du triple du prix des journées, depuis la fin de « l'apprentissage. »

« Art. 11. — Nul individu, employant des ouvriers, ne « pourra recevoir un apprenti sans congé d'acquit, sous « peine de dommages-intérêts envers son maître. »

Le contrat d'apprentissage est fait de bonne foi, synallagmatique, et il participe du louage d'ouvrage et d'industrie.

Il n'est soumis à aucune forme spéciale. Dès lors, la preuve s'en fait par acte notarié ou sous-seings privés rédigé en double. Les conventions des parties constatées par leur aveu suffit encore à l'établir.

Si l'apprenti est mineur, le contrat doit être fait par ses parents ou son tuteur, et, en cas d'émancipation, par lui-même aidé de son curateur. Si le mineur est un orphelin élevé par l'Administration d'assistance publique, c'est la loi du 15 pluviôse an XIII qui a réglé ce cas.

Si le temps d'apprentissage n'est pas fixé, les tribunaux en décideront selon les circonstances, l'usage des lieux et l'intention des parties. Il en sera de même pour les conditions accessoires du contrat que pour le contrat lui-même. Le contrat d'apprentissage peut, comme les autres, être résilié volontairement par les parties ou forcément, selon les cas prévus par la loi de germinal, dont nous avons plus haut cité textuellement les termes.

Les juges naturels de l'apprenti et de son maître étaient les Prud'hommes dans les premiers moments et sous l'empire des nouvelles lois ; mais depuis la loi de 1838, les Juges-de-Paix connaissent de toutes les actions entre patrons et ouvriers ou apprentis, sans préjudice de ce qui est dit au sujet des contestations, à porter devant les Prud'hommes, dont nous parlerons plus tard.

Telles sont les premières règles du droit intermédiaire.

Nous arrivons ainsi à la loi du 22 février 1851, qui constitue le droit nouveau.

Loi du 22 février 1851.

C'est une ère nouvelle, pour la matière que nous étudions, qui est inaugurée par la loi de 1851, dont nous allons nous occuper. Conçue avec les idées positives que donne l'expérience, elle présente un caractère ineffaçable d'humanité et de loyauté ; on sent en la lisant qu'elle a été faite par des hommes versés dans la pratique des affaires, qui ont calculé la portée de tous les articles qu'ils ont adoptés tour-à-tour.

Si nous la comparons à la vieille loi de germinal que nous connaissons, nous serons frappés tout d'abord de la différence considérable qui existe entre les dispositions relatives aux apprentis, qui étaient formulées en trois ou quatre articles de cette loi, et les dispositions de cette nouvelle loi, qui contient deux titres divisés en cinq sections et vingt-deux articles.

Le premier titre contient quatre sections, dont la première a pour intitulé : *De la nature et de la forme du contrat.*

La deuxième section traite *des conditions du contrat.*

La troisième section s'occupe des *devoirs des maîtres et apprentis.*

Enfin, la quatrième section est celle *de la résolution du contrat.*

Le second titre ne contient qu'une section intitulée : *De la compétence.*

Nous allons étudier ces sections successivement.

SECTION Ire. — De la nature et de la forme du contrat.

Art. 1er. — « Le contrat d'apprentissage est celui par « lequel un fabricant, un chef d'atelier ou un ouvrier « s'oblige à enseigner la pratique de sa profession à une

« autre personne, qui s'oblige en retour à travailler avec « lui ; le tout à des conditions et pendant un temps con- « venus. »

Remarquons premièrement la précaution que le législateur a prise de définir ce qu'il entend par un contrat d'apprentissage. D'après les termes ci-dessus énoncés, ce n'est pas seulement un enfant mineur, mais toute personne adulte qui peut se mettre en apprentissage et apprendre la pratique d'un métier ou une profession.

Quant aux personnes chargées d'enseigner, ce ne sont pas seulement des fabricants ou des manufacturiers, mais des chefs d'ateliers ou de simples ouvriers en chambre.

Le temps de l'apprentissage n'est pas limité, et les conditions n'en sont pas tracées à l'avance. A cet égard chacun consulte ses convenances et ses ressources.

Il n'y a d'interdit que les conditions illicites et contraires aux bonnes mœurs et à l'ordre public, comme dans tous les autres contrats.

Remarquons aussi qu'il n'est pas ici question de prix. C'est une chose encore abandonnée aux convenances des parties. Toutefois, il faut encore que les contractants suivent les habitudes et usages locaux, autant que possible, surtout en ce qui concerne la durée de l'apprentissage, sans quoi le maître se trouverait exposé à des réclamations ou même à des actions judiciaires d'une nature désagréable. Nous en verrons la preuve en analysant les articles suivants, et surtout l'art. 17 de la même loi.

En outre de ces conditions générales, il y a une réciprocité d'engagements entre les parties ; car si l'une enseigne sa profession, l'autre s'oblige en retour à travailler avec elle.

Voici maintenant les formes dans lesquelles on peut rédiger ce contrat.

Disons auparavant que comme sous l'empire de la loi de germinal, c'est un contrat de bonne foi, du droit des gens, non solennel, bilatéral, consensuel, principal et à titre onéreux.

Voilà bien des expressions dont nous devons compte à nos lecteurs :

Et 1° qu'est-ce qu'un contrat de bonne foi ?

C'est celui qui a pour base la confiance réciproque des contractants, ce qui permet, en cas de dificultés, de laisser aux juges la faculté d'interprèter très-largement les conventions et de donner au besoin des délais pour l'exécution ou le paiement;

2° C'est un contrat du droit des gens ; ce qui signifie que toutes les nations peuvent en contracter de semblables, sàns distinction de race et de nationalité;

3° Il n'est pas solennel, c'est-à-dire que sa forme n'est pas obligatoire et formulée par la loi comme celle de certains actes, et la preuve en est dans l'art. 2 qui nous dit :

« Le contrat d'apprentissage est fait par acte public ou par acte sous-seings privés. » Il peut être aussi fait verbalement ; mais la preuve n'en est reçue que conformément au titre du Code Napoléon, des contrats ou des obligations conventionnelles en général. »

Cette preuve peut être faite par témoins ;

Mais il ne faut pas qu'il s'agisse d'un intérêt de plus de 150 fr., sans quoi la personne qui intente l'action devrait représenter en justice un écrit émané de son adversaire, qui constitue alors un commencement de preuve par écrit.

Il serait trop long pour nous d'aller plus loin dans ces explications et nous dépasserions notre but. Aussi, nous contentant de cette courte parenthèse, nous passons au n° 4 de notre sujet.

En quatrième lieu, le contrat d'apprentissage est bilatéral (de *bis* qui signifie deux fois et *latus* côté), c'est-à-dire qu'il se forme de deux côtés à la fois. Il y a donc réciprocité d'engagements et de droits ;

5° Il est consensuel, ce qui signifie que chacune des parties contractantes apporte et donne son consentement, son adhésion à la passation de l'acte ;

6° Il est principal, autrement dit, susceptible d'être formé entre un nombre illimité de personnes, telles qu'un patron et plusieurs apprentis ; tandis que les contrats de mariage, de prêt de vente, d'échange, de louage n'ont lieu que par une réunion limitée d'individus ;

7° Il est à titre onéreux, car il se forme moyennant un prix convenu ou moyennant un certain nombre de journées de travail produisant des ouvrages vendus à prix débattus, au profit du patron.

Quelles sont les personnes qui peuvent recevoir et constater le contrat d'apprentissage ?

Ce sont les Notaires, les secrétaires des Conseils de Prud'hommes et les greffiers des Justice-de Paix.

Les contrats doivent être enregistrés au bureau des actes notariés et ils sont soumis au droit fixe de un franc, quelles que soient les conditions et les obligations de sommes ou valeurs mobilières ou des quittances qu'il énoncent.

Les honoraires dus aux rédacteurs ne peuvent jamais dépasser la somme fixe de 2 francs ; outre le prix du papier timbré qui varie de 50 centimes à 1 franc la feuille, selon qu'elle est simple ou double, comme chacun le sait.

L'art. 3 nous apprend par son texte ce que doit contenir le contrat d'apprentissage. Ce sont : 1° les nom, prénoms, âge, profession et domicile du maître ; 2° les nom, prénoms, âge et domicile de l'apprenti ; 3° ceux des père et mère ou du tuteur de l'apprenti ou ceux de la personne autorisée par les parents, et à leur défaut par le Juge-de-Paix, à contracter dans son intérêt ; 4° la date et la durée du contrat ; 5° les conditions de prix, logement, nourriture et autres arrêtées entre les parties ; 6° la signature du maître et des représentants de l'apprenti.

Ce dernier ne signe pas, parce qu'étant mineur, en général, il ne peut s'obliger ni s'engager.

Mais quand c'est un adulte majeur ou un mineur émancipé, sa signature est nécessaire, comme dans tout autre contrat.

Toutes les conditions énumérées ci-dessus sont essentielles et doivent être accomplies à peine de nullité de l'acte.

Nous arrivons maintenant à la deuxième section, comprenant les conditions du contrat.

SIXIÈME CONFÉRENCE.

Du contrat d'apprentissage (*Suite de la loi de 1851*).

—

SECTION IIe. — Des conditions du contrat.

Il faut remarquer que dans les 4, 5, 6 et 7e articles qui sont contenus en cette section, il ne s'agit que de conditions inposées aux maîtres et patrons.

Cela est si vrai que l'on aurait parfaitement pu intituler la section : « Des conditions nécessaires aux maîtres pour « contracter. »

En effet, ce ne sont pas véritablement des conditions du contrat lui-même que le législateur a réunies sous cette section, mais une série d'incapacités et d'obstacles relatifs aux maîtres seuls.

Ainsi, l'art. 4 exige premièrement du maître, qu'il soit âgé de 21 ans au moins pour pouvoir recevoir chez lui des apprentis mineurs.

Cette disposition se conçoit aisément ; car, quelle autorité un mineur pourrait-il avoir sur de jeunes enfants.

Le législateur semble craindre que l'atelier ne soit plutôt dans ces cas-là le théâtre de jeux et de distractions enfantines que le siége d'un établissement sérieux.

Puis, avant 21 ans, le maître lui-même aurait-il eu le temps d'apprendre son métier. C'est donc une mesure sagement adoptée.

Dans l'art. 5 il en est une qui n'est pas moins sage et morale. C'est celle qui ne permet à aucun homme célibataire ou veuf de loger chez lui, comme apprenties, des jeunes filles mineures. Le désordre des mœurs serait trop favorisé dans le cas contraire, et l'on ne peut qu'applaudir à cette disposition.

Mais nous allons trouver dans l'art. 6 des cas d'indignité et d'incapacité pour recevoir des apprentis, qui prouvent toute la sollicitude des législateurs.

Ainsi, ne peuvent recevoir des apprentis : 1° les condamnés pour crime ; 2° les condamnés pour attentats aux mœurs ; 3° les condamnés à plus de trois mois d'emprisonnement pour vols, escroquerie, abus de confiance, abus de mandat, tromperies en matière de marchandises et autres délits prévus par les art. 388, 401, 405, 406, 407, 408 et 423 du Code pénal, qui énumèrent les différents délits dont nous venons de donner la courte analyse.

Ajoutons cependant que le législateur, voulant qu'à tout péché il y ait miséricorde, permet dans l'art. 7, aux Préfets des départements, sur l'avis du Maire de la commune du condamné, de lever l'incapacité en question après un séjour de trois ans dans la commune, depuis l'expiration de sa peine, par le condamné.

Pour Paris spécialement, les incapacités sont levés, en cas d'opportunité, par le Préfet de police.

De cette manière les hommes qui ont commis une faute peuvent, après avoir racheté leur passé par une conduite ultérieure sans reproche, enseigner à des apprentis une profession ou un métier qu'ils possèdent quelquefois au plus haut degré, et qu'ils sont en état d'enseigner parfaitement, malgré la tache qui s'est étendue sur leur vie.

Cette sorte de réhabilitation est un encouragement pour

le condamné à rentrer dans la bonne voie et à ne plus s'en écarter.

Ensuite, il peut s'élever encore plus haut et mériter par son ordre et la régularité de sa vie une réhabilitation plus complète qui est tracée par les art. 620 et suivants du Code d'instruction criminelle.

Malheureusement cette réhabilitation est beaucoup moins fréquente que la récidive, et le but du législateur n'est pas atteint aussi souvent qu'on pourrait le désirer.

SECTION IIIe. — Devoirs des Maîtres et des Apprentis.

Si nous passons à la troisième section, nous y trouvons tracés les devoirs des maîtres et des apprentis.

Nous commencerons par les devoirs des maîtres.

Devoirs des Maîtres.

A nos yeux, ces devoirs sont de trois sortes : ils ont un côté moral, un côté physique et un côté intellectuel.

Le côté moral comprend trois obligations : *d'abord*, le maître doit être pour l'apprenti un véritable père de famille ; en *second lieu*, il doit surveiller sa conduite et ses mœurs; *enfin*, il doit avertir les parents ou autres personnes ayant de l'autorité sur l'enfant, des penchants vicieux de ce dernier, ou des fautes graves qu'il viendrait à commettre.

C'est là la règle de conduite du vrai père de famille, auquel la loi assimile le patron de l'apprenti avec juste raison.

Sous le côté physique, les devoirs du maître ne sont pas moins rigoureux.

Effectivement, si l'enfant est malade, ou s'il disparaît, ou si un autre fait de nature à motiver l'intervention des parents de l'apprenti se manifeste, le patron doit les avertir sans délai.

En second lieu, il n'emploiera l'enfant qu'à des travaux se rattachant à sa profession.

Cependant, la loi permet une dérogation à ce principe, puisqu'elle ajoute : « sauf conventions contraires ; » mais, ces conditions dérogatoires ne devront être nuisibles, ni à la santé, ni à l'éducation ou à l'instruction de l'enfant.

De même, le patron, *en troisième lieu*, ne devra pas employer l'apprenti à des travaux au-dessus de ses forces ou insalubres. Dans le cas contraire, un procès-verbal peut être dressé par les agents de l'autorité, qui font alors poursuivre le contrevenant selon les lois, comme nous le verrons plus loin.

Si maintenant nous analysons l'art. 12 de la loi, nous verrons qu'il contient les obligations imposées au patron vis-à-vis de l'apprenti, au point de vue intellectuel.

Ceci comprend encore trois choses :

1° L'enseignement progressif et complet à l'apprenti de l'art, du métier ou de la profession qu'il étudie ;

2° La délivrance, à la fin de l'apprentissage, du congé d'acquit ou certificat du patron attestant que l'apprenti a fini son temps d'étude et qu'il a rempli toutes ses obligations ;

3° (Et ici, c'est l'art. 10 qui vient compléter l'art. 9), si l'apprenti a moins de 16 ans, il faut qu'un certain temps lui soit laissé pour faire son éducation primaire et son instruction religieuse. Il aura deux heures par jour au moins à consacrer auxdites études, les plus précieuses de toutes assurément.

Vient ensuite une obligation spéciale imposée au patron qui ne doit pas, sous peine de dommages-intérêts, comme le dit l'art. 13, détourner un apprenti de chez un autre maître pour l'employer chez lui. Cette disposition existait déjà dans l'ancienne législation.

Voici maintenant les devoirs des apprentis tracés par la loi.

Devoirs des Apprentis.

On peut dire que les obligations des apprentis sont de deux sortes : l'une qui embrasse le côté moral et l'autre le côté physique. En effet, d'après l'art. **11**, l'apprenti doit à son patron fidélité, obéissance et respect. Cela se conçoit aisément, si l'on se rappelle que le patron représente un père de famille, avec les mêmes devoirs et les mêmes droits que ce dernier ; il jouit donc des mêmes prérogatives.

Voilà pour le côté moral des obligations des apprentis.

Quant au côté physique, il consiste à aider, dans la mesure de leurs forces, les patrons chez qui ils travaillent ; puis, s'ils ont fait au cours de l'apprentissage quelque longue maladie, ou quelque absence, qui aient duré plus de **15** jours, ils doivent remplacer, à la fin de l'apprentissage, le temps perdu. Ainsi, jusqu'à quinze jours, l'apprenti ne doit rien, mais, s'il en a perdu seize, dix-sept, ou vingt, que devra-t-il ? évidemment, il ne doit que le surplus des quinze jours.

Règles relatives au travail, à sa nature et à sa durée.

Quand on lit attentivement l'art. **9**, on voit qu'il y a trois catégories d'apprentis, la première composée de ceux qui ont moins de **14** ans ; la deuxième de ceux qui ont de **14** à **16** ans ; et la troisième de ceux qui ont plus de **16** ans. En ce qui concerne le travail, il en est trois espèces : le travail de jour, le travail de nuit et le travail des jours fériés.

Pour le travail de jour, qui commence à cinq heures du matin et finit à neuf heures du soir, la première catégorie d'apprentis ne doit pas travailler plus de dix heures ; la deuxième catégorie, plus de douze heures ; la troisième peut dépasser ce dernier nombre d'heures.

Pour le travail de nuit, l'apprenti âgé de moins de 16 ans n'y sera jamais soumis ; et l'on entend par cette expression le travail fait de neuf heures du soir à cinq heures du matin.

Quant au travail des jours fériés, lesquels comprennent les dimanches et les fêtes légales, il ne doit pas en être imposé aux enfants. Et même en cas de conditions contraires, le travail ne se prolongera jamais au-delà de dix heures du matin.

Si maintenant la nécessité de déroger aux prescriptions de l'art. 9 se faisait sentir relativement aux heures de travail, il ne pourra rien être fait sans un arrêté rendu par le Préfet du département, sur l'avis du Maire de la commune intéressée à voir résoudre la question (1).

SECTION IVe. — **De la résolution du contrat.**

Il faut distinguer deux époques dans la pratique du contrat d'apprentissage : la première se trouve indiquée par l'art. 14, et constitue véritablement un temps d'essai, qui dure deux mois. Pendant ce laps de temps la seule volonté des parties suffit pour rompre le contrat, sans indemnité aucune, à moins qu'il n'y ait eu sur ce point des conventions expressément stipulées (Art. 14.)

La seconde époque est celle du temps définitivement consacré à l'apprentissage, qui commence à la fin des deux mois d'essai, si les parties restent en relations et exécutent le contrat.

Alors l'art. 15 nous enseigne qu'il y a trois espèces différentes de résolution du contrat ; l'une qui s'opère de plein droit, et l'autre qui peut être prononcée ; enfin, la troisième qui peut être remplacée par la réduction du temps de l'apprentissage.

(1) Ces dispositions ont été modifiées par la loi du 17 mai 1851.

La première espèce contient quatre cas, qui sont : 1° la mort de l'une des parties, patron ou apprenti ; 2° l'appel sous les drapeaux de l'une de ces mêmes personnes ; 3° la condamnation de l'une d'elles, soit pour crime, soit pour attentat aux mœurs, soit pour vol, escroquerie, abus de confiance, de mandat, de blanc-seing, etc. ; dans ces derniers cas, il faut cependant que la peine soit supérieure à trois mois d'emprisonnement (art. 6 de la loi) ; 4° enfin, le décès de l'épouse du patron ou de toute autre femme qui dirigeait la maison lors de l'entrée de l'apprenti ; mais, ce quatrième cas est spécial à des jeunes filles mineures placées en apprentissage.

La seconde espèce est contenue dans l'art. 16 qui s'occupe des cas de résolution possible du contrat. Il y en a six, qui sont : 1° le défaut d'exécution par l'une des parties aux engagements pris ; ceci est de droit commun et applicable à tous les contrats en général.

2° Les infractions graves et habituelles aux prescriptions de la présente loi ; telles que le travail imposé les jours fériés, le travail imposé de nuit ou employé à des choses prohibées par la loi ;

3° L'inconduite habituelle de l'apprenti, qui, aux termes de l'art. 11, doit obéissance, respect et fidélité à son patron ;

4° Le changement de résidence du patron qui transporte son établissement dans une autre commune que celle où la convention a été faite; ceci se comprend aisément ! Les parents de l'apprenti ou ceux qui veillent sur lui ne peuvent pas toujours suivre le patron dans ses déplacements. Lorsque surtout l'apprenti ne loge pas chez son patron, il lui est impossible de l'accompagner dans une autre résidence ; enfin, les convenances de l'apprenti n'étant plus les mêmes, le contrat peut être résolu, si toutefois cela est demandé. Cependant, il est apporté une restriction à cette faculté de demander la résolution du contrat, c'est qu'il faut introdure la demande dans les trois mois à partir du jour où le domicile du patron est changé ;

5° La condamnation de l'une des parties à plus d'un mois de prison, peut donner aussi lieu à une demande en résiliation. A la différence des condamnations prévues par l'art. 6 et rappelées par l'art. 15, celle d'un mois ne fait pas résoudre le contrat de plein droit ; mais, elle rend la résolution possible selon les circonstances ;

6° Le mariage de l'apprenti est la sixième et dernière cause de résolution possible du contrat. Ceci n'étant admis qu'à l'âge de 15 ans pour les femmes et de 18 ans pour les hommes, et assez rarement dans ces conditions, l'on conçoit que l'apprenti, qui est de droit émancipé par le mariage, et attaché à une société nouvelle que l'on nomme la communauté conjugale, ne soit plus en mesure de remplir les obligations précédemment prises à l'égard d'un patron.

Quant à la troisième catégorie des cas où le contrat peut être modifié, elle est contenue dans l'art. 17 qui nous apprend que les parties contractantes ont le droit de choisir la résolution du contrat ou la réduction de sa durée, si le temps convenu dépasse le maximum de la durée, consacrée par les usages locaux.

On pourrait croire à la première lecture de cet article qu'il est favorable aux apprentis seulement, mais il faut bien reconnaître que l'art. 17 ne nomme personne et que le patron peut, tout aussi bien que l'apprenti, opter entre la résolution et la réduction du contrat. Mais, comme le travail de l'apprenti profite au maître, c'est plutôt l'apprenti qui semble avoir intérêt à profiter de l'art. 17 pour devenir plus vite un ouvrier payé.

TITRE II.

SECTION UNIQUE. — **De la compétence des Tribunaux. — Délits, Contraventions. — Pénalités.**

Il y a en matière de compétence une distinction à établir, selon que les difficultés portent sur des questions de l'ordre civil ou sur des cas de justice criminelle, correctionnelle ou de simple police.

En matière civile, les juges naturels des patrons, des ouvriers et des apprentis, sont les Prud'hommes, créés par la loi du 20 février 1810, et à leur défaut par les Juges-de-Paix des cantons où résident les patrons. (Art. 18.)

Ce sont aussi les Prud'hommes, et à leur défaut les Juges-de-Paix, qui connaissent des réclamations qui peuvent être dirigées contre les tiers, en vertu de l'art. 23, c'est-à-dire ayant pour objet les dommages-intérêts réclamés par un patron à un autre patron, qui a détourné un apprenti de son atelier pour l'attirer dans le sien propre, au détriment du premier.

Ce sont encore les Prud'hommes qui connaissent des demandes en indemnités et restitutions introduites en vertu des art. 14, 15, 16 et 17 précités, à moins que les parties n'aient indiqué d'autres Tribunaux. Et si le canton où se trouvent les parties ne ressortit pas à la juridiction d'un Conseil de Prud'hommes, le Juge-de-Paix est compétent. (Art. 19.)

En matière criminelle, l'art. 20 nous indique que les poursuites sont de deux natures : tantôt elles sont exercées devant le Tribunal de simple police et tantôt elles sont exercées devant le Tribunal correctionnel.

Ainsi, toutes les fois qu'il y aura par les parties, contravention aux art. 4, 5, 6, 9 et 10, relatifs : 1° à la défense de recevoir des apprentis mineurs quand on est soi-même mineur (art. 4); 2° à la défense faite aux veufs de loger chez eux des filles mineures apprenties (art. 5) ; 3° à celle de prendre des apprentis quand on a été condamné dans les conditions indiquées par l'art. 6 ; et enfin, toutes les fois qu'il y aura contravention aux art. 9 et 10, qui ne veulent pas que les enfants travaillent au-delà d'un certain nombre d'heures, ni les jours fériés, ni au détriment de leur instruction primaire et de leur éducation religieuse; il sera prononcé par cet art. 20, des condamnations de 5 à 15 fr. d'amende, et, en outre, en cas de récidive, des peines de un à cinq jours d'emprisonnement.

On entend par récidive la faute commise par un individu qui a déjà été puni par la justice et qui recommence un délit de même nature ou un autre.

Quant à la récidive des délits prévus par l'art. 6, comme le coupable est indigne aux yeux de la loi, sa punition peut être poursuivie devant les Tribunaux correctionnels et varier de quinze jours à trois mois de prison, sans préjudice d'une amende de 50 à 300 fr. ; sauf toutefois l'application de l'art. 463 du Code pénal qui permet l'admission des circonstances atténuantes et la modération des peines.

Si nous ajoutons à ces explications l'art. 22 qui abroge les art. 9, 10 et 11 de la loi du 23 germinal an XI, que nous avons analysée tout d'abord, nous aurons complété notre étude qui portait sur une des lois les plus intéressantes que nous ayons, puisqu'elle sauvegarde le présent et l'avenir de la jeunesse ouvrière.

TABLE ANALYTIQUE

Des matières contenues dans la brochure.

www.ingramcontent.com/pod-product-compliance
Ingram Content Group UK Ltd.
Pitfield, Milton Keynes, MK11 3LW, UK
UKHW021112290826
14628UKWH00014B/1864

9 782019 669973